Língua Estrangeira Moderna: Espanhol

Educação de jovens e adultos (EJA)

O selo DIALÓGICA da Editora InterSaberes faz referência às publicações que privilegiam uma linguagem na qual o autor dialoga com o leitor por meio de recursos textuais e visuais, o que torna o conteúdo muito mais dinâmico. São livros que criam um ambiente de interação com o leitor – seu universo cultural, social e de elaboração de conhecimentos –, possibilitando um real processo de interlocução para que a comunicação se efetive.

Priscila Carmo Moreira Engelmann

Língua Estrangeira Moderna: Espanhol

Educação de jovens e adultos (EJA)

Av. Vicente Machado, 317 . 14º andar . Centro . CEP 80420-010 . Curitiba . PR . Brasil
Fone: (041) 2106-4170 . www.intersaberes.com . editora@editorainitersaberes.com.br

Conselho editorial
Dr. Ivo José Both (presidente)
Drª Elena Godoy
Dr. Nelson Luís Dias
Dr. Neri dos Santos
Dr. Ulf Gregor Baranow

Editor-chefe Lindsay Azambuja

Editor-assistente Ariadne Nunes Wenger

Preparação de originais Masterpress

Capa Mayra Yoshizawa

Projeto gráfico *Design* Mayra Yoshizawa
                 Imagem AKSANA SHUM/Shutterstock

Diagramação Capitular Design Editorial

Iconografia Vanessa Plugiti Pereira

1ª edição, 2016.

Foi feito o depósito legal.

Informamos que é de inteira responsabilidade da autora a emissão de conceitos.

Nenhuma parte desta publicação poderá ser reproduzida por qualquer meio ou forma sem a prévia autorização da Editora InterSaberes.

A violação dos direitos autorais é crime estabelecido na Lei n. 9.610/1998 e punido pelo art. 184 do Código Penal.

Dados Internacionais de Catalogação na Publicação (CIP)
(Câmara Brasileira do Livro, SP, Brasil)

Engelmann, Priscila Carmo Moreira
  Língua Estrangeira Moderna: Espanhol/Priscila Carmo Moreira Engelmann. Curitiba: InterSaberes, 2016. (Coleção EJA: Cidadania Competente, v. 3)

  Bibliografia.
  ISBN 978-85-5972-136-2

  1. Educação de adultos 2. Educação de jovens 3. Espanhol 4. Espanhol – Estudo e ensino I. Título. II. Série.

16-05395   CDD-460.7

Índices para catálogo sistemático:
1. Espanhol: Estudo e ensino 460.7

Sumário

Apresentação 9

Parte I 11

1. ¿Por qué aprender español? 13
   - 1.1 La lengua española en el mundo 14
   - 1.2 Conociendo la lengua: pronuncia 15

2. Particularidades de la lengua española 23
   - 2.1 La puntuación 24
   - 2.2 Conociendo la lengua: el voseo 26

3. Artículos 33
   - 3.1 Los días no son iguales 34
   - 3.2 Conociendo la lengua: artículos definidos 36
   - 3.3 Conociendo la lengua: artículos indefinidos 37

4. ¿Dónde estamos? 41
   - 4.1 Conociendo la lengua: verbo estar 43
   - 4.2 Conociendo la lengua: preposiciones de lugar 44

5. La familia y el cotidiano 49
   - 5.1 La familia en la sociedad actual 50
   - 5.2 Conociendo la lengua: verbos del cotidiano 51

6. *La monarquía española* 57
   - 6.1 La familia del Rey 58
   - 6.2 Conociendo la lengua: verbo parecerse 60

Parte II 65

7. *El tiempo* 67
   - 7.1 ¿Tienes tiempo? 68
   - 7.2 Conociendo la lengua: las horas 69

8. *El futuro y los verbos irregulares* 75
   - 8.1 El futuro del planeta 76
   - 8.2 Conociendo la lengua: verbos en futuro 77
   - 8.3 Conociendo la lengua: verbos irregulares 79

9. *¿Dónde vivimos?* 85
   - 9.1 La ciudad donde vivimos 86
   - 9.2 Una ciudad española 87

10. *¿Te gusta?* 95
    - 10.1 Gustos 96
    - 10.2 Conociendo la lengua: verbos gustar y encantar 96
    - 10.3 Conociendo la lengua: la conjunción y 98

11. *El pasado*   101

   11.1 ¿Qué hacías cuando eras niño?   102

   11.2 Conociendo la lengua: verbos en pretérito imperfecto   103

12. *¿Qué pasó?*   107

   12.1 Diferencias entre el pretérito imperfecto y el pretérito indefinido   109

   12.2 Conociendo la lengua: marcadores temporales   110

   12.3 Conociendo la lengua: verbos en pretérito perfecto compuesto   110

Referências   117
Respostas   123
Sobre a autora   127

Apresentação

Considerando a linguagem como instrumento que facilita a interação entre as pessoas, neste livro propomos o desenvolvimento de conteúdos que permitem a interação do aluno com a língua espanhola, a fim de viabilizar o acesso à estrutura linguístico-gramatical do idioma e também à compreensão de diferentes aspectos culturais que envolvem a língua estrangeira. Dessa forma, a partir da aproximação com o idioma, você poderá refletir, interpretar e construir significados para o contexto que permeia o uso da língua-alvo, assim como compreender e reinterpretar elementos de seu próprio entorno.

Para a elaboração desta obra, consideramos as especificidades do público a que se destina: alunos da Educação para Jovens e Adultos (EJA) na modalidade a distância. Portanto, esperamos que esse material possa lhe auxiliar em sua formação crítica e que o conhecimento da língua estrangeira seja uma ferramenta adicional para a prática da cidadania em uma sociedade cada dia mais globalizada.

A seleção dos textos, a distribuição dos conteúdos e a metodologia utilizada na construção da obra propõem um processo que não se encerra em cada uma das partes, mas que deve ser aprofundado por meio das reflexões propostas sobre diferentes temáticas, tais como costumes alimentares, meio ambiente e relações familiares. Dessa forma, cada capítulo apresenta textos escritos em língua espanhola a fim de promover interação com o idioma por meio de diferentes gêneros textuais e, posteriormente, explorar os elementos linguístico-gramaticais estudados de modo progressivo.

No primeiro capítulo, propomos uma reflexão sobre a importância do aprendizado da língua espanhola para estudantes brasileiros e trabalhamos conteúdos linguísticos que viabilizam o contato inicial com o idioma, como a pronúncia das letras do alfabeto e a conjugação dos verbos no presente do indicativo. No segundo capítulo, apresentamos exemplos de uso do idioma por meio de diálogos formais e informais e tratamos de outras especificidades da língua espanhola, como a particularidade nos sinais de pontuação e o uso do *voseo*. No terceiro capítulo, damos continuidade à exemplificação de diferentes situações comunicativas, além de explorarmos o léxico relacionado ao tempo e à classe gramatical dos artigos.

Na sequência, no quarto capítulo, tratamos de expressões relacionadas à localização, bem como de alguns exemplos de utilização das preposições na língua espanhola. No quinto capítulo, propomos uma leitura mais detalhada na língua-alvo e, em seguida, o desenvolvimento de elementos linguístico-gramaticais relacionados a ações cotidianas.

No sexto capítulo, abordamos a atual pluralidade na formação familiar e apresentamos a conjugação verbal e o léxico relacionados à aparência física. No sétimo capítulo, fazemos um convite à reflexão sobre a organização do tempo; por isso, são desenvolvidos conteúdos que podem auxiliar em situações comunicativas relacionadas à leitura de horários e exemplificadas as conjugações dos verbos *ir* e *vir*, em espanhol. No oitavo capítulo, propomos uma leitura reflexiva sobre o meio ambiente e o futuro do Planeta Terra, apresentando exemplos de verbos conjugados no futuro.

No nono capítulo, abordamos o léxico relacionado a cidades, além de propormos a leitura de textos sobre costumes ligados à culinária espanhola e uma reflexão sobre o entorno em que estamos inseridos. No décimo capítulo, são estudadas expressões que auxiliam a comunicação sobre gostos e preferências.

No décimo primeiro capítulo, propomos a reflexão sobre acontecimentos passados, apresentando exemplos de diferentes conjugações verbais no pretérito e expressões de tempo utilizadas na língua espanhola.

Por fim, no décimo segundo capítulo, propomos a leitura de um trecho de biografia de um grande escritor colombiano, além de um aprofundamento das conjugações verbais no pretérito. Para a prática e a fixação dos conteúdos apresentados, ao final de cada capítulo, são propostos exercícios objetivos para você avaliar seu desempenho no aprendizado da língua espanhola.

Parte I

Prezado aluno(a), dividimos esta obra em duas partes para que, primeiramente, você tenha o contato inicial com o idioma e compreenda a importância do aprendizado da língua espanhola e, posteriormente, explore elementos linguísticos mais complexos que possibilitem a interação por meio da língua estrangeira. Dessa forma, nessa primeira etapa, você compreenderá a relevância do aprendizado da língua espanhola em sua formação escolar e os elementos básicos para compreensão do idioma em estruturas comunicativas de nível inicial.

Ao iniciar os estudos sobre a língua espanhola, é possível que você questione: Por que é importante aprender esse idioma?

Para responder a essa questão, apresentaremos neste capítulo alguns dados importantes sobre a origem do espanhol e sua difusão por vários continentes. Aproveitaremos, também, para refletir sobre o relevante papel do Brasil no crescimento do número de hispanofalantes.

1.1 *La lengua española en el mundo*

Para iniciar a reflexão a respeito da difusão da língua espanhola, leia o texto a seguir.

> Los ideales políticos renacentistas, que animaban a los monarcas a engrandecer y extender sus dominios (...) se realizó con la unión matrimonial (1469) de los herederos de las coronas de Castilla-León y de Aragón-Cataluña, Isabel y Fernando, los Reyes Católicos, título que les fue otorgado por el papa Alejandro VI en 1494. Esto constituyó el punto de arranque de la España moderna, pues marcó el impulso final hacia la unión territorial peninsular. La "Unidad Nacional" se completó con la conquista del reino islámico de Granada (1492), de las Canarias en 1946 – islas habitadas por un pueblo de cultura prehistórica, los guanches, cuya conquista había comenzado años antes – y con la incorporación del reino de Navarra en 1512-1515.

Fonte: Tamames; Quesada, 2001, citados por Donin; Gabardo; Gabardo, 2006, p. 14.

O texto anterior destaca a união dos reis católicos Isabel e Fernando, importante acontecimento que propiciou a expansão do Reino de Castilha e, posteriormente, o fortalecimento da língua castelhana, que passou a ser o idioma oficial da Espanha.

Para saber mais

Você pode aprofundar a conversa sobre a expansão do Reino de Castilha durante a Idade Média com seu professor de História. Assim, entenderá como as disputas políticas e territoriais influenciaram na oficialização da língua espanhola.

Sugerimos, a seguir, três sites que podem expandir seus conhecimentos a respeito desse tema:

COLOMBIA APRENDE. **Historia de la lengua española**. Disponível em: <http://www.colombiaaprende.edu.co/html/home/1592/article-118992.html>. Acesso em: 18 jul. 2016.

HISTORIA de la lengua española. Disponível em: <http://www.monografias.com/trabajos11/lespa/lespa.shtml>. Acesso em: 18 jul. 2016.

ORIGEN y evolución de la lengua española. Disponível em: <http://www.humanidades.uach.cl/documentos_linguisticos/docannexe.php?id=177>. Acesso em: 18 jul. 2016.

No texto a seguir, são apresentados dados sobre a expansão da língua espanhola no mundo, especialmente no Brasil, e o interesse dos brasileiros pelo aprendizado desse idioma.

El español sigue su ascenso imparable en el mundo

El interés por el español en el mundo no para de aumentar, lo que muestra la vitalidad de una lengua que ya hablan o estudian en todo el planeta unos 548 millones de personas, según datos del Instituto Cervantes en 2014. [...]

Ese aumento es bastante notorio en algunas zonas, como Estados Unidos [...], pero también en otras, donde el crecimiento experimentado en la última década ha sido espectacular.

*Así sucede en **Brasil**, donde **30 millones de personas tienen el español como segunda lengua**, después del portugués. No es ajeno a ese crecimiento el hecho de que los intercambios comerciales del gigante brasileño con sus vecinos de habla hispana y con España mantienen un buen ritmo de crecimiento. Algunas estimaciones indican que el uso del español hizo favorecer las relaciones comerciales en un 290%, mientras que el inglés lo hace en un 240%.*

Fonte: Ayllón, 2014.

Além das informações apresentadas anteriormente, que destacam a importância do domínio do idioma para as relações comerciais entre o Brasil e seus países vizinhos, vale ressaltar que o espanhol é hoje a língua oficial de 21 países e está entre as quatro línguas mais faladas no mundo.

1.2 Conociendo la lengua: pronuncia

Reflita sobre os seguintes questionamentos a respeito das possibilidades de compreensão de textos em língua espanhola:

Quais foram as dificuldades encontradas para compreender as informações?

Foi possível compreender as informações contidas nos textos?

Provavelmente você tenha compreendido as informações mais importantes dos textos que acabamos de ler; porém, em uma releitura, possivelmente encontraria palavras que são completamente desconhecidas, mas que não impediram a leitura e a compreensão das principais informações. Isso acontece porque a língua espanhola tem muitas semelhanças com a língua portuguesa, o que facilita a compreensão de textos escritos.

No entanto, essa facilidade para por aí. Ao ouvir um enunciado pronunciado por um hispanofalante nativo, a compreensão dessa fala torna-se mais difícil, pois a prática da oralidade é um tanto complexa em razão das particularidades de pronúncia do idioma.

Diante das reflexões propostas, iniciaremos os estudos apresentando as letras do alfabeto. A pronúncia específica da língua espanhola confere um aspecto bastante particular que a diferencia da língua portuguesa, podendo causar dificuldades no início do aprendizado do idioma. Por isso, é muito importante conhecermos sua pronúncia correta.

¡Para practicar!

1) Observe no quadro o alfabeto espanhol e confira as palavras que exemplificam a aplicação de cada letra. Durante as atividades desenvolvidas ao longo dos próximos capítulos você perceberá como, apesar da semelhança na escrita, a pronúncia das palavras em espanhol é bastante distinta da pronúncia na língua portuguesa.

Quadro 1.1 – O alfabeto espanhol

A	B	C	D	E	F	G	H	I	J
amor	*beso*	*casa*	*día*	*escuela*	*fuerte*	*gente*	*hombre*	*iglesia*	*jabón*
K	L	M	N	Ñ	O	P	Q	R	S
kilómetro	*libro*	*mujer*	*niño*	*ñoco*	*ojo*	*pobreza*	*queso*	*ratón*	*silla*
T	U	V	W	X	Y	Z	**Dígrafos**		
tierra	*uña*	*vaca*	*watt*	*xilografía*	*yerno*	*zapato*	CH *charla* LL *lluvia*		

2) Agora que você já conhece as letras do alfabeto, leia um trecho do poema "Oda al hombre sencillo", do poeta chileno Pablo Neruda (2005, p. 106, grifo nosso), e pratique a pronúncia correta do idioma. Durante a leitura, atente-se às estruturas verbais destacadas no texto.

Voy a contarte en secreto
*Quién **soy** yo,*
Así, en voz alta,
*Me dirás quién **eres***
*(Quiero saber quién **eres**)*
*Cuánto **ganas**, en qué taller **trabajas**,*
En qué mina,
En qué farmacia,
Tengo una obligación terrible
Y es saberlo,
Saberlo todo:
*Día y noche saber cómo **te llamas**,*
Ése es mi oficio,
Conocer una vida
No es bastante

1.2.1 Conociendo la lengua: pronombres personales

Reveja as expressões que foram destacadas no poema "Oda al hombre sencillo" (Neruda, 2005) e perceba, no Quadro 1.2, como o verbo *ser* foi conjugado na primeira pessoa e na segunda pessoa do singular.

Quadro 1.2 – Tradução do verbo *ser*

	En español	Em português
1ª persona	Quién **soy yo**	Quem sou eu
2ª persona	Me dirás quién **eres (tú)**	Quem é você

Observe no Quadro 1.3 os demais pronomes pessoais em espanhol, acompanhados do verbo *ser* devidamente conjugado.

Quadro 1.3 – Conjugação do verbo *ser*

Singular	1ª persona	**Yo soy** brasileño.
	2ª persona	**Tú eres** argentino.
	3ª persona	**Él/Usted es** chileno. / **Ella/Usted es** chilena
Plural	1ª persona	**Nosotros somos** latinoamericanos. / **Nosotras somos** latinoamericanas.
	2ª persona	**Vosotros sois** peruanos. / **Vosotros sois** peruanos.
	3ª persona	**Ellos/Ustedes son** mexicanos. / **Ellas/Ustedes son** mexicanas.

Vale dedicar uma atenção especial ao pronome *usted*, pois, apesar de acompanhar os verbos conjugados de forma idêntica à conjugação em terceira pessoa, este é também um pronome utilizado para referir-se à segunda pessoa em situações de maior formalidade. Portanto, a escolha entre os pronomes *tú* e *usted* para dirigir-se a alguém utilizando a língua espanhola acontecerá conforme o contexto de cada situação.

Para saber mais

Leia o texto a seguir e entenda por que algumas pessoas se referem à língua espanhola utilizando a denominação *castelhano*.

¿Castellano o español?

Para referirnos a la lengua gracias a la cual ustedes me están entendiendo en estos momentos (o, al menos, a eso aspiro), ambos términos son sinónimos. Castellano, por su origen y por la tradición; español, por constituir el idioma oficial de todo el Estado español, de manera exclusiva en casi todo el territorio y compartida en las Comunidades con lengua propia. Cada cual puede hacer uso legítimo de su forma preferida, incluso es, por muchos motivos, muy saludable alternarlas; pero, por salud democrática, nadie debería ser recriminado por optar por una sola de ellas. Por cierto, si consideramos que los españoles que la hablamos apenas sumamos el diez por ciento del total mundial, quizá el nombre que mejor le cuadre, y con el que nadie debería sentirse agraviado ni excluido, fuera el de hispano: hispanohablante, al fin y al cabo, llamamos al que habla español o castellano e hispana es también la América que concentra la inmensa mayoría de los que hablan nuestra lengua.

Fonte: Martínez, 2016.

¡Para practicar!

Agora que você conhece os pronomes pessoais em língua espanhola, já pode tentar apresentar-se utilizando esse idioma. Escreva a seguir, em espanhol, uma breve apresentação sobre você, mencionando seu nome, sua idade, sua profissão e a cidade onde vive. No Quadro 1.4, há outros verbos que você pode utilizar para complementar sua produção escrita.

Quadro 1.4 – Conjugação de verbos no presente do indicativo

Pronombres	Verbo ser	Verbo tener	Verbo vivir	Verbo llamarse
Yo	Soy	Tengo	Vivo	Me llamo
Tú	Eres	Tienes	Vives	Te llamas
Vos	Sós	Tenés	Vivés	Te llamás
Él/Ella/Usted	Es	Tiene	Vive	Se llama
Nosotros/Nosotras	Somos	Tenemos	Vivimos	Nos llamamos
Vosotros/Vosotras	Sois	Tenéis	Vivís	Os llamáis
Ellos/Ellas/Ustedes	Son	Tienen	Viven	Se llaman

situações informais, em substituição ao pronome *tú*. Essa é mais uma particularidade do idioma espanhol e da riqueza de variações que podemos perceber nos diferentes países que têm essa como sua língua oficial.

Atenção!

Empregamos os pronomes *tú* e *vosotros* para tratamentos entre pessoas com maior intimidade, ou seja, em diálogos informais. Para situações que exigem maior formalidade, normalmente usa-se a forma *usted/ustedes*. Apesar disso, há regiões em que se utiliza *ustedes* também para situações informais.

Para saber mais

Para consultar o significado ou a grafia de palavras em língua espanhola que você ainda não conhece, indicamos o dicionário oficial da *Real Academia Española*, na versão para consulta *on-line*.

> REAL ACADEMIA ESPAÑOLA. **Diccionario de la Lengua Española**: edición del Tricentenario. Disponível em: <http://dle.rae.es/?w=diccionario/>. Acesso em: 2 jun. 2016.

O pronome *vos*, apresentado no Quadro 1.4, é utilizado em algumas regiões hispanofalantes em

¡Para practicar!

Leia os diálogos A e B a seguir e identifique o tratamento como formal (F) ou informal (I):

Diálogo A ( )

Crédito: S. Buchenev/Shutterstock

Pilar *Buenos días, Señor González. ¿Cómo está?*

Señor Gonzales *Bien, Pilar, ¿y usted? ¿Tenemos mucho trabajo para hoy?*

Pilar *Sí, son dos reuniones por la mañana y otra reunión por la tarde. El grupo de la primera reunión ya nos espera.*

Señor Gonzales *Bueno, entonces vámonos.*

Diálogo B (   )

Pedro *Hola, Ana. ¿Cómo estás?*

Ana *Bien, Pedro. ¿Y tú? Hace mucho que no hablamos.*

Pedro *Pues entonces vamos a tomar un café, tengo mucho para contarte.*

Ana *Vamos.*

Exercícios

1) Assinale a alternativa em que o verbo *ser* está conjugado corretamente em espanhol:
   a) *Yo soy brasileño.*
   b) *Yo sou brasileño.*
   c) *Tú es brasileño.*
   d) *Tú és brasileño.*
   e) *Usted eres brasileño.*

2) Assinale a alternativa que apresenta **somente** letras e dígrafos **não** utilizados na língua espanhola:
   a) SS, CH, LH.
   b) Ç, CH, LH.
   c) SS, Ç, LH.
   d) RR, SS, Ç.
   e) RR, Ç, CH.

3) Assinale a alternativa em que o enunciado caracteriza uma situação informal:
   a) *Buenos días. ¿Cómo se llama?*
   b) *Permiso, ¿puede informarme la dirección del banco?*
   c) *¿Cómo se llaman ustedes?*
   d) *¿Es usted la profesora de español?*
   e) *Hola. ¿Qué tal estás?*

4) Sobre a expansão da língua espanhola no mundo, é correto afirmar:

a) Pesquisas indicam que o uso do espanhol tem favorecido as relações comerciais em maior proporção que o uso da língua inglesa.
b) A língua espanhola é o idioma com maior número de falantes no mundo.
c) Segundo o Instituto Cervantes, mais de 540 milhões de pessoas dominam a língua espanhola fluentemente.
d) A língua espanhola é o idioma oficial de 67% da população mundial.
e) No Brasil, 30 milhões de pessoas já têm a língua espanhola como idioma oficial.

5) A tradução correta para a frase *Soy española, pero vivo en Argentina* é:
   a) Sou espanhol, mais vivo em Argentina.
   b) Sou espanhola, más moro em Argentina.
   c) Sou espanhola, mas moro na Argentina.
   d) Sou espanhola, mais moro na Argentina.
   e) Sou espanhol, más vivo na Argentina.

6) Assinale a alternativa em que o verbo *ser* aparece conjugado corretamente em espanhol:
   a) *Brasil es un país donde el aumento del número de hablantes de la lengua española es notorio.*
   b) *Brasil eres un país donde el aumento del número de hablantes de la lengua española es notorio.*
   c) *Brasil é un país donde el aumento del número de hablantes de la lengua española es notorio.*
   d) *Brasil és un país donde el aumento del número de hablantes de la lengua española és notorio.*
   e) *Brasil sois un país donde el aumento del número de hablantes de la lengua española es notorio.*

7) Assinale a alternativa em que as palavras *criança, escola, mulher, homem* e *pobre* estão grafadas corretamente em espanhol:
   a) *Ninho, escuela, murrer, hombre, pobre.*
   b) *Niño, escuela, mujer, hombre, pobre.*
   c) *Crianza, escuela, mujer, hombre, puebre.*
   d) *Crianza, escuela, murrer, hombre, pobre.*
   e) *Niño, escuela, murrer, hombre, pobre.*

8) Assinale a altenativa que completa corretamente a frase a seguir:

   La lengua española es, actualmente, idioma oficial de:

   a) *35 países.*
   b) *548 millones de personas.*
   c) *todo el continente latinoamericano.*
   d) *40 países.*
   e) *21 países.*

9) Assinale a alternativa que apresenta as formas corretas do verbo *ser* para completar o texto do poema "Oda al hombre sencillo", de Pablo Neruda (2005):

Voy a contarte en secreto
Quién ___ yo,
Así, en voz alta,
Me dirás quién ___ [tú]
[...]
Tengo una obligación terrible
Y ___ saberlo,
Saberlo todo:
Día y noche saber cómo te llamas,
Ése es mi oficio.

a) soy, es, es.
b) soy, eres, es.
c) soy, eres, eres.
d) sou, es, es.
e) soy, es, eres.

10) Leia a frase a seguir:

No Brasil, mais de 30 milhões de pessoas falam espanhol como segunda língua.

Agora, assinale a alternativa que apresenta correta tradução dessa frase:

a) *Em Brasil, mays de 30 milhones de personas hablan español como segunda lengua.*
b) *Em Brasil, mas de 30 milhones de personas hablan espanhol como segunda lengua.*
c) *En Brasil, más de 30 miyones de personas hablan español como segunda lengua.*
d) *En Brasil, mas de 30 millones de personas hablam espanhol como segunda lengua.*
e) *En Brasil, más de 30 millones de personas hablan español como segunda lengua.*

capítulo dos

Particularidades de la lengua española

No capítulo anterior, você pôde perceber como as semelhanças entre a língua espanhola e a língua portuguesa facilitam a leitura dos textos escritos. Neste capítulo, apresentaremos algumas especificidades da língua espanhola que diferenciam sua escrita e pronúncia.

2.1 *La puntuación*

Leia a conversa entre um grupo de turistas e uma guia turística e observe a pontuação utilizada em alguns enunciados.

Crédito: Adriano Pinheiro

Guia turística *¡Hola! ¡Buenos días! Sean bienvenidos a Brasil.*
Turista A *¡Buenos días!*
Guia turística *Soy Luciana, la responsable por su traslado hasta el hotel. Si necesitan alguna información más, estoy a su disposición.*
Turista A *Qué bueno, Luciana, porque es la primera vez que visitamos su país y hay muchos lugares que nos gustaría conocer. ¿Podría informarnos si el lugar de realización del congreso está cerca de algún punto turístico que podamos visitar después de las cuatro de la tarde?*
Guia turística *Por supuesto que sí. Río de Janeiro es una bellísima ciudad y el congreso que irán a participar fue organizado en una ubicación muy estratégica, por lo tanto podrán conocer el Pão de Açúcar, Cristo Redentor, la playa de Copacabana y, si tienen tiempo, la parte histórica que está en el centro de la ciudad.*
Turista B *¡Qué maravilla! Ya escuchamos hablar sobre las bellezas de esta ciudad y durante los siete días creo que conseguiremos ver muchas cosas nuevas.*
Guia turística *Bueno, entonces seguimos hasta el hotel, el coche nos espera. Si tienen más dudas, hablamos durante el trayecto.*
Turistas A e B*: Sí. Muchas gracias, Luciana.*

Agora, observe os sinais de pontuação utilizados nas expressões extraídas do diálogo:

> - ¡Buenos días!
> - ¿Podría informarnos si el lugar de realización del congreso está cerca de algún punto turístico que podamos visitar después de las cuatro de la tarde?
> - ¡Qué maravilla!

Você deve ter percebido o uso de pontos de exclamação e interrogação com um aspecto diferenciado. Em língua espanhola, esses pontos são utilizados também no início das orações para indicar o início do enunciado interrogativo ou exclamativo. Essa particularidade da língua espanhola facilita a leitura e a entonação corretas dos textos interrogativos e exclamativos. Por isso, você pode treinar o uso dos pontos de exclamação e interrogação, lembrando que no início das orações sua grafia é diferenciada, parecendo que estão invertidos.

Além dos sinais de pontuação, podemos extrair do diálogo algumas **expressões de cordialidade** bastante utilizadas na interação em língua espanhola: *muchas gracias, buenos días*.

Observe nos diálogos a seguir, outras expressões de cordialidade que podem ser utilizadas em conversas de estrutura simples, como saudações, despedidas ou apresentações pessoais.

Diálogo formal 1

Atendente *Buenos días, señor. ¿En qué puedo ayudarle?*

Ejecutivo *Buenos días. Tengo una cita con el director de la empresa.*

Diálogo informal 1

Diego *¡Hola!*

Conrado *Hola, ¿que tal?*

Diálogo formal 2

Atendente *Aquí está su pedido, Señor.*

Cliente *Muchas gracias, hasta luego.*

Diálogo informal 2

Luis *Hola, Antonio. Estas son mis amigas Ana Y Clara. Ellas son brasileñas y vinieron a Argentina para practicar el español.*

Antonio *Hola, chicas, mucho gusto. Bienvenidas a nuestro país.*

Ana *Gracias.*

Clara *Encantada.*

Antonio *Me gustaría mucho presentarles las instalaciones, pero tengo clase en menos de diez minutos.*

Luis *Sí, entonces, ¿aceptás tomar un café después de la clase?*

Antonio *Buenísima idea, quedamos a las cinco y media en el patio. ¡Hasta pronto!*

Clara *Bueno, creo que Ana les acompaña, porque yo voy a participar de la clase de literatura. Mucho gusto en conoceros. ¡Adiós!*

2.2 Conociendo la lengua: el voseo

No diálogo informal 2, apresentado na seção anterior, podemos perceber um tratamento diferenciado entre os amigos que se encontram em uma escola de idiomas na Argentina. Observe a conjugação verbal no trecho "*¿aceptás tomar un café después de la clase?*". Perceba que o verbo *aceptar* está conjugado de um modo particular. Isso porque o pronome de tratamento utilizado em situações informais, como o diálogo entre amigos, é o ***vos***.

Assim como, em português, utilizamos *você* quando falamos com amigos e familiares, em algumas regiões em que o espanhol é o idioma oficial, os falantes utilizam o pronome *vos*. Entretanto, na Espanha os falantes utilizam o pronome *tú* para situações informais.

Para que você entenda como o *voseo* – isto é, o uso do pronome *vos* – é praticado em diferentes regiões que têm a língua espanhola como idioma oficial, leia no texto a seguir uma explicação teórica sobre esse fenômeno linguístico. Após a leitura, você entenderá melhor como a variação linguística interfere nas maneiras de se comunicar em um mesmo idioma em diferentes espaços ou regiões.

El voseo en la Historia y en la lengua de hoy

En América, se dan tres posibilidades de fórmulas de tratamiento: a) la propia de la América tuteante, donde hallamos tú *para la segunda persona singular de confianza y* usted *para la segunda de respeto; b) la propia de la América sólo voseante, donde la forma de confianza vos coexiste con la de respeto* usted, *y, por último, c) la de la América tuteante-voseante, donde el vos se restringe al ámbito sumamente íntimo; el tú, para la confianza intermedia; y el* usted, *como forma de respeto.*

[...]

En España, el voseo resistió en algunas zonas aisladas. Por ejemplo, en Andalucía aún se empleaba en el siglo XIX, según surge de documentos literarios, por ejemplo, las novelas de Fernán Caballero. Se diferencia del voseo americano en que se registra para la confianza intermedia. Es decir, el tuteo es en dirección hacia abajo (hijos o criados) o igualitario, en la suma intimidad (entre hermanos o cónyuges), en tanto que el voseo se emplea para una distancia intermedia, en dirección de abajo hacia arriba (hijos a padres, por ejemplo), o en forma simétrica, cuando no existe suma confianza (por ejemplo, entre vecinos).

En América, el voseo ha persistido en gran parte de su territorio con distinta suerte. Se instala en la norma culta, en el Río de la Plata, pero es rural o subestándar en muchos países. En otros, como en Venezuela, se trata de una norma regional (es decir,

> *que, en determinadas zonas, hay un orgullo localista por su empleo).*

Fonte: Carricaburo, 2016.

Além das diferenças entre o uso dos pronomes *tú* e *vos*, existem outras variações na língua espanhola falada em distintas regiões. Isso porque a língua não é um sistema fechado e imutável, mas faz parte da cultura de um povo. Dessa forma, mesmo sendo a língua oficial de 21 países, há particularidades características de cada região. Esse fenômeno pode ser considerado semelhante ao que ocorre com a língua portuguesa falada no Brasil e em Portugal – sabemos que se trata do mesmo idioma, mas cada país apresenta suas particularidades.

Atenção!

Durante o aprendizado da língua espanhola, não há a necessidade de eleger uma forma de tratamento (*tú* ou *vos*) como a mais correta. O mais importante é conhecer as variações e eleger aquela com a qual melhor você se adéqua.

¡Para practicar!

Releia os textos apresentados até agora no capítulo e encontre as diferentes formas de saudações e despedidas que podemos utilizar em língua espanhola. Pratique a pronúncia dos enunciados e depois escreva-os no quadro a seguir.

Saludos	Despedidas

Exercícios

1) Assinale a alternativa correta a respeito do uso do pronome de tratamento *vos*:

> *¡Vos podés!*

a) Trata-se de uma abreviação do pronome *vosotros*, utilizada por determinados grupos de falantes que não dominam o idioma.
b) Trata-se de um tratamento informal utilizado em algumas regiões hispanofalantes.
c) Trata-se de um tratamento formal utilizado em algumas regiões hispanofalantes.
d) Trata-se de um tratamento informal utilizado exclusivamente na Espanha.
e) Trata-se de um tratamento formal utilizado exclusivamente na Argentina.

2) A alternativa que apresenta a descrição correta de *voseo* é:
   a) Forma pronominal utilizada em algumas regiões hispanofalantes que substituem o pronome *tú* por *vos*.
   b) Forma pronominal utilizada em toda a região da Espanha para substituir o pronome *tú* por *vos*.
   c) Fenômeno linguístico que marca a substituição do pronome *tú* por *vos*, apenas na oralidade.
   d) Fenômeno linguístico que marca a substituição do pronome *tú* por *vos* em diálogos que exigem formalidade.
   e) Fenômeno linguístico utilizado por hispanofalantes que desconhecem a norma-padrão da língua.

3) Assinale a alternativa que apresenta uma forma correta de saudação em língua espanhola:
   a) *Buon día.*
   b) *Haté luego.*
   c) *Hasta luego.*
   d) *Ola!*
   e) *Buenos días.*

4) A alternativa que apresenta uma forma correta de resposta à pergunta apresentada é:

   > Hola, ¿de dónde eres?

   a) *Soy venezolano.*
   b) *Vivo en México.*
   c) *Me llamo Juan.*
   d) *Soy Ana.*
   e) *Viajamos de Brasil.*

5) Assinale a alternativa que apresenta uma forma comumente utilizada na apresentação de pessoas em língua espanhola.
   a) *Hasta pronto.*
   b) *Hasta luego.*
   c) *Adiós.*
   d) *Mucho gusto.*
   e) *Voy llevando.*

6) Assinale a alternativa que apresenta uma forma comumente utilizada nas despedidas de pessoas em língua espanhola:
   a) *Hola.*
   b) *Hasta luego.*
   c) *Buenos dias.*
   d) *Mucho gusto.*
   e) *Voy llevando.*

7) Leia a notícia a seguir, publicada em um jornal de grande circulação no Uruguai:

   > ¿Quiénes dejan las sillas vacías?
   > La deserción del sistema educativo se instaló como un problema que atraviesa todas las clases

sociales. La falta de interés en el contenido pedagógico resulta clave y los centros no logran retener a los alumnos, que cada vez se van más jóvenes de las aulas.

Fonte: Roizen, 2015.

Assinale a alternativa correta:
a) O texto fala sobre o desinteresse dos jovens uruguaios pelos estudos.
b) O texto questiona a falta de vagas para jovens nas escolas uruguaias.
c) O texto descreve problemas de infraestrutura das salas de aula no Uruguai.
d) O texto fala sobre a desigualdade social entre jovens uruguaios.
e) O texto afirma que o abandono escolar é um problema das classes sociais menos favorecidas.

8) A alternativa que apresenta a tradução correta para o texto do anúncio é:

Vos... ¿Qué hacés por tu voz?

Fonte: General de Agudos Dr. Teodoro Alvarez, 2016

a) O que você faz pela sua voz?
b) O que fazer pela sua voz?
c) O que faz por você?
d) O que fazer para ter voz?
e) O que fazem por você?

Leia o texto a seguir e responda às questões 9 e 10:

¿Querés pasear por los parques más grandes de Buenos Aires mientras probás una moderna bicicleta eléctrica?
"Parques y museos" y "Parques y monumentos" son dos visitas guiadas por los bosques de Palermo para que conozcas la naturaleza y el arte de Buenos Aires.

Fonte: Agenda Cultural, 2016.

9) Assinale a alternativa que apresenta corretamente o assunto abordado no texto:
a) Divulgação do uso de bicicletas elétricas pela população argentina.
b) Explicação de como andar de bicicleta elétrica.

c) Condenação do uso de bicicletas elétricas em Buenos Aires.
d) Passeios de bicicleta elétrica para conhecer a cidade ofertados aos tursitas.
e) Aconselhamento aos cidadãos para andarem de bicicleta elétrica, pois faz bem à saúde.

10) Na frase "*¿Querés pasear por los parques más grandes de Buenos Aires mientras probás una moderna bicicleta eléctrica?*", os verbos *querer* e *probar* estão conjugados de maneira diferenciada. Essa conjugação está de acordo com:
a) o tratamento formal.
b) o pronome *tú*.
c) o pronome *vos*.
d) o pronome *vosotros*.
e) o pronome *nosotros*.

capítulo tres

No capítulo anterior, verificamos uma situação em que hispanofalantes chegavam ao Brasil para participar de um congresso e pretendiam aproveitar para conhecer os principais pontos turísticos da cidade do Rio de Janeiro. Neste capítulo, com base na organização da agenda dos turistas, apresentaremos elementos linguísticos que auxiliam na comunicação em língua espanhola.

3.1 *Los días no son iguales*

Veja, a seguir, uma situação comunicativa dos turistas ao chegarem hotel.

Crédito: Adriano Pinheiro

Turista A *Hola, tenemos dos reservas en cuartos individuales a nombre de Martín y Ana.*
Atendente *Un momento por favor, voy a verificar.*
Gracias por esperar, la reserva es para siete días, por lo tanto termina el próximo lunes al mediodía. Aquí están las llaves, son las habitaciones doscientos uno y doscientos cuatro en el segúndo piso. Si necesitan alguna cosa, pueden llamar al servicio que está disponible veinticuatro horas. ¿Algo más en que pueda ayudarles?
Turista B *Creo que es todo, muchas gracias.*

Observe que no diálogo a atendente do hotel informa que a reserva termina "*el lunes*", que é o segundo dia da semana, ou seja, segunda-feira. O que você achou da denominação desse dia da semana? Conseguiria relacioná-lo com um nome já conhecido?

¡Para practicar!

Com o auxílio do dicionário, busque as denominações dos demais dias da semana e preencha, em espanhol, o quadro a seguir.

Segunda-feira	Terça-feira	Quarta-feira	Quinta-feira	Sexta-feira	Sábado	Domingo
Lunes						

Atenção!

Observe que em espanhol os dias da semana são palavras masculinas e, por isso, são acompanhadas do artigo masculino, como em *los lunes, los martes* (expressões equivalentes, em língua portuguesa, a: às segundas-feiras e às terças-feiras).

Observe, no diálogo, como expressar-se utilizando os dias da semana.

Ana *Vea, Martín, en la programación del congreso las actividades diarias terminan a las cuatro de la tarde y el viernes y sábado tendremos las tardes enteras libres.*

Martín *Sí, entonces podríamos organizarnos para visitar primeramente el Cristo Redentor y el Pão de Açúcar. Y el sábado conoceremos la playa de Copacabana.*

Ana *Bueno, entonces el miércoles vamos al Cristo Redentor y el jueves al Pão de Açúcar. El viernes por la tarde podremos pasear por el centro de la ciudad y quizás visitemos algún museo o el Teatro Municipal, que es muy famoso.*

Martín *Perfecto, Ana, ahora vámonos que el taxi ya nos espera para el primer día del Congreso.*

Crédito: Adriano Pinheiro

3.2 *Conociendo la lengua: artículos definidos*

Observe, no Quadro 3.1, os demais artigos definidos em língua espanhola utilizados em enunciados que apresentam vocabulário relacionado ao tempo.

Quadro 3.1 – Artigos definidos

	Femeninos	Masculinos
Singular	**La** *mañana* **La** *noche* **La** *primavera*	**El** *día* **El** *año* **El** *verano* **El** *otoño* **El** *invierno*
Plural	**Las** *semanas* **Las** *tardes*	**Los** *fines de semana* **Los** *meses*

i Palavras semelhantes a termos em língua portuguesa, mas com alteração na pronúncia da sílaba tônica.

ii Palavras semelhantes a termos em língua portuguesa, mas com significado diferente.

Atenção!

A expressão *lo* existe na língua espanhola. No entanto, não é um artigo masculino, mas neutro, que acompanha adjetivos, substantivando-os. Veja o exemplo:

Figura 3.1 – Artigo neutro em contexto

Crédito: Poprotskiy Alexey/Shutterstock

Para saber mais

Na língua espanhola, existem muitas palavras semelhantes a termos da língua portuguesa, mas que apresentam gênero diferenciado. A esses termos dá-se o nome de *heterogenéricos*, porque têm grafia e significado semelhantes nos dois idiomas, mas pertencem a gêneros diferentes. Para conhecer alguns exemplos, acesse o *link* indicado e verifique também os termos *heterotónicos*[i] e *heterosemánticos*[ii].

NETA, N. F. A. **Aprender español es fácil porque hablo português**: ventajas y desventajas de los brasileños para aprender español. Disponível em: <http://www.cuadernoscervantes.com/lc_portugues.html>. Acesso em: 3 jun. 2016.

3.3 *Conociendo la lengua*: artículos indefinidos

Além dos artigos definidos destacados no Quadro 3.1, apresentaremos os artigos indefinidos, em língua espanhola, com base em um trecho do poema "Tiempo sin tiempo" de Mario Benedetti (2000, p. 60, grifo nosso):

> *Preciso tiempo necesito ese tiempo*
> *que otros dejan abandonado*
> *porque les sobra o ya no saben qué hacer con él*
> *[...]*
> *tiempo para mirar* **un** *árbol*
> **un** *farol*
> *para andar por el filo del descanso*
> *para pensar qué bien hoy es invierno.*

Para saber mais

Mario Benedetti é um escritor e poeta uruguaio, integrante da importante Geração de 45. Conheça a biografia completa do autor e leia alguns de seus poemas no *site* indicado a seguir:

FUNDACIÓN MARIO BENEDETTI. **Mario Benedetti**: Biografía. Disponível em: <http://www.fundacionmariobenedetti.org/mario_benedetti/vida>. Acesso em: 17 jun. 2016.

¡Para practicar!

Após a leitura do poema "Tiempo sin tiempo" (Benedetti, 2000, p. 60), a fim de registrar sua compreensão sobre o texto, escreva como você identifica a reflexão proposta pelo autor no que diz respeito à passagem do tempo.

_____
_____
_____
_____
_____
_____

No poema de Benedetti (2000), foi destacado o artigo indefinido *un*, que também apresenta variações nas formas **feminina** e **plural**, conforme demonstrado no Quadro 3.2:

Quadro 3.2 – Artigos indefinidos

	Masculinos	Femeninos
Singular	Había **un** hombre esperando para entrar.	**Una** de las alumnas llegará más tarde.
Plural	Precisamos de **unos** libros más actualizados para nuestra biblioteca.	Sabemos **unas** recetas maravillosas para las fiestas de fin de año.

Exercícios

1) Assinale a alternativa que completa adequadamente o espaço:

   Hoy es lunes, mañana será _____.

   a) *jueves.*
   b) *viernes.*
   c) *martes.*
   d) *miércoles.*
   e) *sábado.*

2) Assinale a alternativa que completa adequadamente o espaço:

   Si hoy es sábado, ayer fue _____.

   a) *jueves.*
   b) *viernes.*
   c) *lunes.*
   d) *martes.*
   e) *miércoles.*

3) O nome que se dá a palavras da língua espanhola que apresentam significado e grafia semelhantes aos da língua portuguesa, mas pertencem a gêneros diferentes, é:

   a) *heterotónicos.*
   b) *heterogenéricos.*
   c) *heterosemánticos.*
   d) *heterosónicos.*
   e) *heteronímia.*

4) A alternativa que apresenta a sequência correta dos dias da semana, em espanhol, é:

   a) *Domingo, Segunda, Terza, Cuarta, Quinta, Sexta, Sábado.*
   b) *Domingo, Luna, Terza, Cuarta, Quinta, Sexta, Sábado.*
   c) *Domingo, Lunes, Martes, Miércoles, Jueves, Viernes, Sábado.*
   d) *Domingo, Lunes, Marte, Miércoly, Jueve, Vierne, Sábado.*
   e) *Domyngo, Luna, Marte, Miércole, Jueves, Viernes, Sábado.*

5) São exemplos de palavras *heterogenéricas*:
a) La luna, el sol, el viaje.
b) Los días, los meses, el año.
c) El hombre, la mujer, el joven.
d) La música, la legumbre, la danza.
e) La costumbre, la legumbre, el viaje.

6) O artigo definido masculino que completa adequadamente a primeira estrofe do poema "El sol", de Pablo Neruda, é:

El sol
A plena luz de sol sucede
_____ día,
_____ día sol, _____ silencioso sello
extendido en los campos del camino.

Fonte: Neruda, 1972.

a) el.
b) ello.
c) lo.
d) la.
e) los.

7) Na segunda e na terceira estrofe do poema de Neruda (1972), aparecem exemplos de artigos indefinidos em espanhol.

[...]
Yo soy un hombre luz, con tanta rosa,
con tanta claridad destinada
que llegaré a morirme de fulgor.

Y no divido el mundo en dos mitades,
en dos esferas negras o amarillas
sino que lo mantengo a plena luz
como una sola uva de topacio.

Fonte: Neruda, 1972.

São eles:
a) un, una.
b) Yo, soy.
c) con, de.
d) el, de.
e) lo, el.

8) São palavras femininas na língua espanhola:
a) La vida, la sangre, la amor.
b) La sangre, la vida, la leche.
c) La sangre, la viaje, la vida.
d) La música, la danza, la amor.
e) La música, la danza, la viaje.

9) A tradução mais adequada do seguinte texto para a língua espanhola é:

O melhor da vida é poder compartilhar cada momento com pessoas especiais.

a) *Lo mejor de la vida es poder compartir cada momento con personas especiales.*
b) *Lo mejor de la vida eres poder compartir cada momento con personas especiales.*
c) *El mejor de la vida es poder compartir cada momento con personas especiales.*
d) *El mejor de la vida eres poder compartir cada momento con personas especiales.*
e) *Lo mejor de la vida és poder compartir cada momento con personas especiales.*

10) A grafia correta das estações do ano, em espanhol, é:
a) *Primaviera, veraño, otoño, invierno.*
b) *Primavera, verano, otonho, invierno.*
c) *Primavera, verano, otoño, invierno.*
d) *Primaviera, veranho, otonho, invierno.*
e) *Primavera, veraño, outoño, invierno.*

capítulo cuatro

Depois de refletirmos sobre o tempo com base no vocabulário sobre os dias da semana e as estações do ano, vamos estudar algumas formas de expressão relacionadas a lugares, que podem auxiliar na produção de enunciados para variadas situações comunicativas, como pedir ou dar informações sobre diferentes localizações. Para tanto, iniciaremos esta aula com a observação do mapa do mundo.

Figura 4.1 – Mapa-múndi

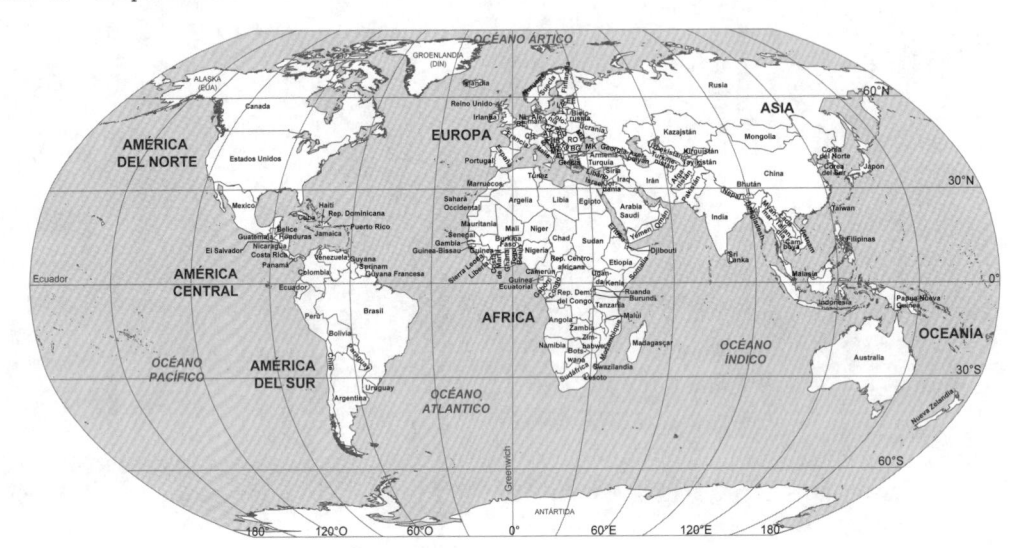

Crédito: Rhaíssa Viana Sarot

¡Para practicar!

Observe el mapa y haga apuntes sobre la localización de nuestro país en el mundo, contestando a las preguntas en lengua española:

a) ¿Dónde está Brasil en el mapa?

b) ¿Qué otros países hacen parte del mismo continente que Brasil?

c) ¿Cuál de los países vecinos al Brasil está más cerca del estado dónde vives?

d) *¿Cuál es el continente más lejano de América?*

_____

_____

e) *¿Y cuál es el continente más cercano al nuestro?*

_____

_____

Como você pôde perceber, no questionamento *¿Donde estamos?*, temos a expressão *donde* para perguntar sobre uma localização. Veja também que o termo vem acompanhado do verbo *estar* conjugado no plural. Isso acontece porque há sujeitos diferentes para cada texto. No texto demonstrado, o verbo está conjugado no plural (*estamos*), concordando com o pronome *nosotros*.

Veja a seguir as formas de conjugar desse verbo no tempo presente.

4.1 Conociendo la lengua: verbo estar

Veja no Quadro 4.1 as demais conjugações do verbo *estar*, no presente do indicativo.

Quadro 4.1 – Conjugação do verbo *estar*

Singular	1ª *persona*	Yo	estoy
	2ª *persona*	Tú	estás
	3ª *persona*	Él/Ella/Usted	está
plural	1ª *persona*	Nosotros/Nosotras	estamos
	2ª *persona*	Vosotros/Vosotras	estáis
	3ª *persona*	Ellos/Ellas/Ustedes	están

Para saber mais

Para praticar o conteúdo estudado anteriormente, acesse o vídeo indicado e ouça a interpretação da cantora colombiana Shakira para a música *¿Dónde estás, corazón?*, muito tocada no Brasil na década de 1990.

SHAKIRA. **¿Dónde estás corazón**? Disponível em: <https://www.youtube.com/watch?v=I67cgXr6L6o>. Acesso em: 3 jun. 2016.

¡Para practicar!

Escute atentamente a canção e identifique em quais lugares a pessoa a quem a música se refere foi procurada. Reescreva-os e, caso não saiba o significado de algum dos termos, procure-os no dicionário, escrevendo sua tradução ao lado.

_____

_____

_____

_____

Vejamos também outras expressões utilizadas na letra da música (Shakira, 1995) para indicar **lugares**:

> *Te busqué **en el** armario,*
> ***En el** abecedario*
> *Debajo **del** carro*
> *En el negro, **en el** blanco,*
> ***En los** libros de historia*
> ***En las** revistas y **en la** radio*

As expressões destacadas nesse trecho são denominadas *combinaciones* e *contracciones*, pois são resultado da combinação ou junção de dois termos para indicar um significado.

¡Para practicar!

Com base nos exemplos destacados na letra da música, você conseguiria completar o Quadro 4.2, que mostra combinações e contrações em espanhol e seus equivalentes em português?

Quadro 4.2 – Conjunções e combinações

En español	Em português
En el	
En la	
En los	
En las	
Del	
De la	
De los	

(continua)

(Quadro 4.2 – conclusão)

En español	Em português
De las	
Por el	Pelo
Por la	Pela
Por los	Pelos
Por las	Pelas
Debajo del	
Debajo de la	
Debajo de los	
Debajo de las	

4.2 *Conociendo la lengua: preposiciones de lugar*

Além das *combinaciones*, temos outras expressões em língua espanhola utilizadas para indicar a localização de pessoas, animais, objetos etc. Leia os exemplos na Figura 4.2 e pratique a pronúncia dos termos em espanhol.

Figura 4.2 – Expressões de localização

DETRÁS DE

El perro está detrás del carteiro.

DELANTE DE

El perro está delante de la mujer.

AL LADO DE

El perro está al lado de los huesos.

ENTRE

El hueso está entre los perros.

ENFRENTE DE

El hueso está enfrente del perro.

SOBRE

El gato está sobre el perro.
El perro está debajo del gato.

DEBAJO DE

EN = DENTRO DE

El perro está en la cama. Hay un termómetro dentro de su boca.

EN = ENCIMA DE = SOBRE

El perro está encima de la mesa. La mujer tiene saliva en su cara.

Crédito: Fernando Perazzoli

Fonte: Elaborado com base em Spanish, 2015.

Exercícios

1) A forma mais adequada para dirigir-se a uma pessoa utilizando o verbo *estar* em um diálogo casual, em espanhol, é:
   a) *¿Cómo estás?*
   b) *¿Cómo está?*
   c) *¿Cómo estáis?*
   d) *¿Cómo están?*
   e) *¿Cómo esté?*

2) A resposta mais adequada à pergunta apresentada na sequência é:

   ¿Cómo están ustedes?

   a) *Estáis bien, gracias.*
   b) *Estás bien, gracias.*
   c) *Estoy bien, gracias.*
   d) *Están bien, gracias.*
   e) *Estamos bien, gracias.*

3) Observando o mapa, indique a alternativa que apresenta a resposta adequada à pergunta apresentada:

¿Dónde está localizada Colombia?

a) Estás al oeste de Venezuela.
b) Está al oeste de Venezuela.
c) Están al oeste de Venezuela.
d) Estáis al este de Venezuela.
e) Está al este de Venezuela.

4) A tradução correta para o texto da notícia é:

> *Yerson Candelo se despidió de la hinchada del Deportivo Cali*

Fonte: Yerson..., 2015.

a) Yerson Candelo se despediu da torcida do Deportivo Cali.
b) Yerson Candelo se despediu de torcedores de Deportivo Cali.
c) Yerson Candelo se despediu da torcida de Deportivo Cali.
d) Yerson Candelo se despediu das torcidas do Deportivo Cali.
e) Yerson Candelo se despediu dos torcedores do Deportivo Cali.

5) As preposições, combinações ou contrações que completam adequadamente o texto da notícia são, respectivamente:

> *El domingo, antes ___ partido entre el Cali y el Tolima, el volante de 23 años Yerson Candelo se despidió ___ afición verdiblanca.*

Fonte: Yerson..., 2015.

a) del, de la.
b) de, del.
c) de lo, de la.
d) de el, de la.
e) del, del.

6) A música *Eres mi religión*, do grupo Maná (2012), foi gravada com a dupla de cantores brasileiros Jorge e Mateus. Leia o trecho em português da canção e depois assinale a alternativa

que apresenta a versão correta em espanhol para o trecho destacado:

Ia caminhando pelas ruas esquecidas sem destino, Ia tropeçando em fantasmas em anjos caídos,

a) *Iba caminando por las calles.*
b) *Ia caminando porlas calles.*
c) *Ia camiñando por las calhes.*
d) *Iba camiñando por los calhes.*
e) *Iba caminando por el calle.*

7) A tradução correta para o texto apresentado é:

Diante da crise, Presidenta Dilma prepara reforma administrativa.

a) *Delante de la crisis, Presidenta Dilma prepara reforma administrativa.*
b) *Delante del crisis, Presidenta Dilma prepara reforma administrativa.*
c) *Delante de el crisis, Presidenta Dilma prepara reforma administrativa.*
d) *Delante de lo crisis, Presidenta Dilma prepara reforma administrativa.*
e) *Delante de las crisis, Presidenta Dilma prepara reforma administrativa.*

8) O texto correto da sinalização, mantendo a conjugação no imperativo, em língua espanhola, é:

Siga em frente

a) *Siga adelante.*
b) *Segue adelante.*
c) *Sigues adelante.*
d) *Salgan adelante.*
e) *Seguís adelante.*

9) A tradução correta para língua espanhola do texto apresentado é:

O ídolo se apresentou diante da plateia.

a) *El ídolo se presentó delante de la platea.*
b) *Lo ídolo se presentó delante de la platea.*
c) *Lo ídolo se apresentó delante de la platea.*
d) *Lo ídolo se presentó de lante de la platea.*
e) *El ídolo se presentó de lante de la platea.*

10) A expressão que completa adequadamente o texto da notícia é:

> **Hallan muerto a un inmigrante oculto en el interior de una maleta**
> - *La maleta estaba _____ interior del coche de su hermano, que lo había colado de polizón.*
> - *El familiar fue quien dio la voz de alarma cuando lo encontró en mal estado.*
> - *La Guardia Civil ha detenido al hermano por un presunto delito de homicidio involuntario.*

Fonte: Sánchez, 2015.

a) *en el.*
b) *en lo.*
c) *en la.*
d) *el.*
e) *del.*

capítulo cinco

*La familia
y el cotidiano*

Neste capítulo, por meio de textos que apresentam o cotidiano da família espanhola atual, você conhecerá o léxico relacionado a ações comuns do dia a dia. E, se o assunto é cotidiano, trataremos também de um costume que é tradição em algumas regiões da Espanha e muito conhecido por todo o mundo. Ficou com curiosidade? Faça as leituras propostas e saiba que tradição é essa.

5.1 La familia en la sociedad actual

Leia no texto a seguir exemplos de diferentes configurações da família espanhola na atualidade.

> *La ley del matrimonio gay ha posibilitado la unión oficial entre Miguel Ángel y Alberto, que se casaron en julio de 2008 en una fiesta para 130 invitados. Como dicen los propios novios, "todo un bodorrio". Viven en un pequeño piso en Madrid, junto de sus animales de estimación, la perrita Nesa y el gato Fernando. Su cotidiano es simple y organizado: los dos se levantan temprano, desayunan juntos y salen a trabajar. Normalmente Alberto hace la comida y Miguel es responsable por la limpieza. Sobre tener hijos, ambos piensan en adoptar, pero en la opinión de Alberto tendrán que esperar para que tengan más tiempo libre para hijos.*
>
> *Nuria está divorciada y es madre soltera de Sara, un bebé que nació en 2009, resultado de una fertilización in vitro. La niña duerme junto de su madre, que la despierta para la amamentación haciendo carantoñas. El bebé se agarra al pecho de la madre que lamenta por tener esperado tanto para tener la niña. Nuria pone en relieve su opinión sobre la decisión de hacer la fertilización diciendo que las personas sufren por esperar para tener na familia estandarizada, más que no pasa nada ser madre soltera.*
>
> *José Afonso y Ester tienen más de 30 años y hace poco tiempo vivían en una buhardilla en un barrio del centro de Madrid, donde eran conocidos como los reyes de las Cañas. La pareja ha cambiado de casa y de vida después del nacimiento de su hija Deva, en 2008. Después de diez años casados ya tienen la segunda hija, Nora, y oficializaron el matrimonio hace cinco años. Su día a día ahora es diferente, aún reúnen los amigos, pero no como ocurría en los tiempos de reinado de las Cañas. Asímismo no sienten nostalgia por eso y afirman que aprovechan cada etapa de la vida.*

Fonte: Elaborado com base em Luna, 2015.

¡Para practicar!

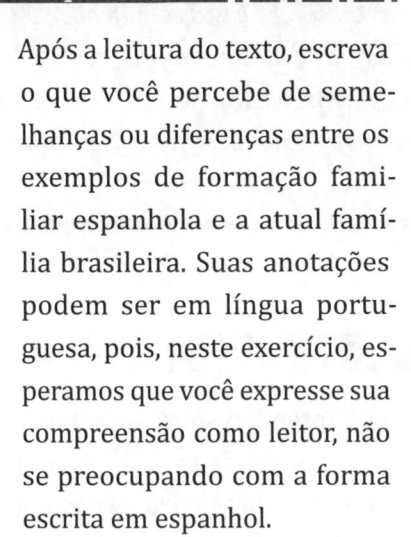

Após a leitura do texto, escreva o que você percebe de semelhanças ou diferenças entre os exemplos de formação familiar espanhola e a atual família brasileira. Suas anotações podem ser em língua portuguesa, pois, neste exercício, esperamos que você expresse sua compreensão como leitor, não se preocupando com a forma escrita em espanhol.

_____
_____
_____
_____
_____
_____

5.2 Conociendo la lengua: verbos del cotidiano

Busque compreender no texto os diferentes **verbos** que indicam **ações do cotidiano** dos cidadãos. Para ajudá-lo nessa tarefa, destacamos alguns trechos dos textos. Observe:

- *Ángel y Alberto, que **se casaron** en julio de 2008 [...].*
- *Los dos **se levantan** temprano, **desayunan** juntos y **salen** a trabajar.*
- *[...] **la despierta** para la amamentación haciendo carantoñas.*
- *El bebé **se agarra** al pecho de la madre [...].*
- *[...] afirman que **aprovechan** cada etapa de la vida.*

Perceba que alguns desses verbos destacados são acompanhados de pronomes, como nos exemplos: *se levantan, la despierta, se agarra*. Estes são chamados *verbos reflexivos* e sempre são utilizados junto ao pronome que está de acordo com o sujeito que pratica ou sofre a ação. Veja a conjugação completa dos verbos *despertarse* e *levantarse*, para que você conheça esse tipo de enunciado em espanhol.

Quadro 5.1 – Conjugação de verbos do cotidiano

	Despertarse	*Levantarse*
Yo	*me despierto*	*me levanto*
Tú	*te despiertas*	*te levantas*
Él/Ella/Usted	*se despierta*	*se levanta*
Nosotros/Nosotras	*nos despertamos*	*nos levantamos*
Vosotros/Vosotras	*os despertáis*	*os levantáis*
Ellos/Ellas/Ustedes	*se despiertan*	*se levantan*

¡Para practicar!

Observando as conjugações demonstradas no Quadro 5.1, escreva um pequeno parágrafo em espanhol sobre o costume dos brasileiros com relação aos horários para dormir e acordar.

_____
_____
_____
_____
_____

Agora que já tratamos de alguns costumes de famílias espanholas, conheça um costume típico de algumas regiões da Espanha, muito comentado (e invejado) por pessoas do mundo inteiro: *la siesta*.

> La **famosa siesta española** nos trae un paréntesis de calma y tranquilidad en medio del ajetreo diario. Pero para muchos turistas es una causa de frustración y confusión. Entre las 2 y las 5 de la tarde, algunos establecimientos de España cierran para permitir a sus ciudadanos descansar después de una mañana larga y frenética y prepararse para una tarde llena de trabajo. Mientras tanto, el turista común elige esta hora para pasear por las calles y comprar recuerdos, periódicos o simplemente visitar la ciudad, e invariablemente encuentra algunas tiendas cerradas y las calles vacías.

Fonte: Don Quijote, 2016.

¡Para practicar!

Escreva o que você entendeu sobre o costume da *siesta* na Espanha e responda se há alguma prática semelhante entre os brasileiros. Suas anotações podem ser em língua portuguesa, pois, neste exercício, esperamos que você expresse sua compreensão como leitor, não se preocupando com a forma escrita em espanhol.

_____
_____
_____
_____
_____
_____
_____
_____
_____
_____
_____
_____

Exercícios

1) *El personaje del texto utiliza la expresión **"papá"** para dirigirse a:*

   Papá... te quiero!!!

   a) *su madre.*
   b) *su abuelo.*
   c) *su hermano.*
   d) *su padre.*
   e) *su papay.*

2) *En Brasil, el segundo domingo del mes de mayo se conmemora el día de las:*
   a) *mujeres.*
   b) *madres.*
   c) *mamaes.*
   d) *abuelas.*
   e) *novias.*

3) Leia o texto a seguir:

   ### La figura del padre en la modernidad
   En los discursos en torno a la cuestión social, escuchamos a menudo una nota de reproche dirigida a los padres por desatender las tareas que les corresponden como tales. La crítica se intensifica al enfocarse en aquellos padres a los cuales se reprocha un generalizado desinterés en relación con sus propios hijos, así como la incapacidad para educarlos. Por tanto, ellos estarían dando muestras de irresponsabilidad e incompetencia, abandonando a madres e hijos en una relación simbiótica.

   Fonte: Anatrella, 2008.

   Agora, assinale a alternativa que melhor resume o assunto abordado no texto:
   a) A ausência da figura paterna.
   b) A ausência dos pais na educação dos filhos.
   c) A dificuldade das mães na educação dos filhos.
   d) O desinteresse dos filhos pelos pais.
   e) O desinteresse dos filhos pela figura paterna.

4) Assinale a alternativa que apresenta a correta descrição da *siesta española*:
   a) *Sexto día de la semana.*
   b) *Descanso al fin del día, después de las seis de la tarde.*
   c) *Costumbre de salir a beber con los amigos después del trabajo.*
   d) *Costumbre de descansar durante un tiempo después del almuerzo.*
   e) *Tiempo de descanso después de seis horas de trabajo.*

5) Leia o texto a seguir:

> **15 de mayo se celebra el Día Internacional de la Familia**
> **El Día Internacional de la Familia fue proclamado por la Asamblea General de las Naciones Unidas** en su resolución 47/237 del 20 de septiembre de 1993 con el objetivo de aumentar el grado de concienciación acerca de los temas relacionados con la familia y fomentar los lazos familiares.
>
> A través de esta celebración anual, se refleja la importancia que la comunidad internacional otorga a las familias, como unidades básicas de la sociedad, así como su preocupación en cuanto a su situación en todo el mundo.

Fonte: 15 de mayo, 2016, grifo do original.

Em relação ao assunto abordado no texto, é correto afirmar que:
   a) *La familia es considerada por la ONU como unidad básica de la sociedad.*
   b) *La ONU espera que la familia sea considerada como unidad básica de la sociedad.*
   c) *La familia ya no es considerada como unidad básica de la sociedad.*
   d) *La familia precisa ser considerada como unidad básica de la sociedad.*
   e) *La celebración refleja la falta de importancia de la familia para la sociedad.*

6) A alternativa que apresenta ações cotidianas escritas corretamente em espanhol é:
   a) *Despertarse, ducharse, desayunar, acostarse.*
   b) *Despertarse, deitarse, dormirse, acordarse.*
   c) *Acordarse, ducharse, almorzar, deitarse.*
   d) *Acordar, desayunar, almozar, cenar.*
   e) *Desayunar, almozar, jantar, deitar.*

7) A forma infinitiva do verbo reflexivo utilizado no texto é:

Después del

lávese las manos

a) *irse.*
b) *ir.*
c) *después.*
d) *lavarse.*
e) *lavar.*

8) Os termos destacados na ilustração a seguir são exemplos de:

despertarse vestirse
levantarse
  acostarse
vestirse
  peinarse
maquillarse acostarse
  levantarse
peinarse
  acostarse
  vestirse

a) verbos reflexivos.
b) adjetivos.
c) pronomes reflexivos.
d) verbos infinitivos.
e) verbos no pretérito.

9) A expressão utilizada para referir-se ao ato de tomar café da manhã, em espanhol, é:

a) *desayunar.*
b) *comer.*
c) *almorzar.*
d) *cenar.*
e) *merendar.*

10) *En algunas regiones de España, los turistas pueden encontrar los establecimientos comerciales cerrados después del almuerzo, debido a:*

a) *los fusos horarios.*
b) *la inseguridad en la calle.*
c) *la violencia en la calle.*
d) *la costumbre de la siesta.*
e) *la falta de personas para trabajar.*

capítulo seis

No capítulo anterior, refletimos sobre as configurações familiares, que sofreram mudanças com o passar do tempo e, na sociedade atual, apresentam-se de variadas formas que se diferenciam das formações familiares mais tradicionais dos séculos passados. Neste capítulo, continuaremos a refletir sobre a formação familiar por meio da abordagem sobre uma configuração tradicional na Espanha: a Família Real espanhola.

6.1 *La familia del Rey*

Leia, a seguir, dois enunciados retirados da página virtual da realeza espanhola.

> *"La independencia de la Corona, su neutralidad política y su vocación integradora ante las diferentes opciones ideológicas le permiten contribuir a la estabilidad de nuestro sistema político, facilitar el equilibrio con los demás órganos constitucionales y territoriales, favorecer el ordenado funcionamiento del Estado y ser cauce para la cohesión entre los españoles."*
>
> S.M. el Rey Don Felipe VI, Madrid, 19.6.2014
>
> *"Los actuales son tiempos de gran exigencia. Nos esperan muchas dificultades pero también nos respaldan sólidos valores que nos hacen sentirnos orgullosos de ser españoles, y un pasado reciente de superación que nos sirve de estímulo."*
>
> S.M. el Rey Don Juan Carlos, Madrid, 27.12.2011

Fonte: Casa de Su Majestad El Rey, 2016.

¡Para practicar!

Após a leitura dos textos que abrem a página virtual da família real espanhola, responda: Por que os dois textos são assinados pelo Rei da Espanha, porém com denominações diferentes?

Suas anotações podem ser em língua portuguesa, pois, neste exercício, esperamos que você expresse sua compreensão como leitor, não se preocupando com a forma escrita em espanhol.

A notícia a seguir poderá ajudá-lo a responder ao questionamento anterior.

> *El rey Juan Carlos I decidió abdicar al trono a los 76 años, luego de estar 39 años al frente de la monarquía española.* En un mensaje televisado, el rey explicó los motivos de su decisión: "Una nueva generación reclama con justa causa un papel protagonista".

La noticia había sido comunicada horas antes por el presidente del gobierno español, Mariano Rajoy.

Este explicó que el gobierno convocará un consejo de ministros extraordinario y promoverá un cambio legislativo inmediato para acelerar lo más posible la sucesión en la jefatura del Estado de manos del príncipe Felipe de Borbón, de 46 años.

Al tratarse de una abdicación, será necesario aprobar una ley orgánica.

Fonte: Rey..., 2014.

_____
_____
_____
_____

Rei Juan Carlos da Espanha abdica em favor de seu filho

Príncipe Felipe de Borbón vai assumir o cargo, anunciou premiê. Rei disse que renuncia para 'abrir uma nova etapa de esperança'.

O rei Juan Carlos I da Espanha decidiu abdicar em favor do filho, o príncipe Felipe de Borbón, anunciou nesta segunda-feira (2) o chefe de governo espanhol, Mariano Rajoy. O monarca mostrou "sua vontade de renunciar ao trono e abrir o processo sucessório", disse Rajoy em declaração institucional.

Em discurso à nação, Juan Carlos, de 76 anos, afirmou que decidiu abdicar em favor do filho para que se possa "abrir uma nova etapa de esperança na qual se combinem a experiência adquirida e o impulso de uma nova geração".

"Decidi colocar fim ao meu reinado e abdicar da coroa da Espanha", informou o monarca, ressaltando "um impulso de renovação, de superação, de corrigir erros e abrir caminho para um futuro decididamente melhor".

Fonte: Rei..., 2 jun. 2014.

Em tempos de globalização, notícias como a renúncia do Rei Juan Carlos I são rapidamente divulgadas por todo o mundo. Observe no texto a seguir como essa informação foi noticiada no Brasil:

Vamos verificar a composição da Família Real, antes da abdicação do Rei Juan Carlos, para entender a linha de sucessão e conhecer o léxico relacionado aos **graus de parentesco** em espanhol.

Figura 6.1 – Árvore genealógica da família real espanhola

Crédito: Carlos Alvarez/Pablo Blazquez/Domin Guez/Getty Images

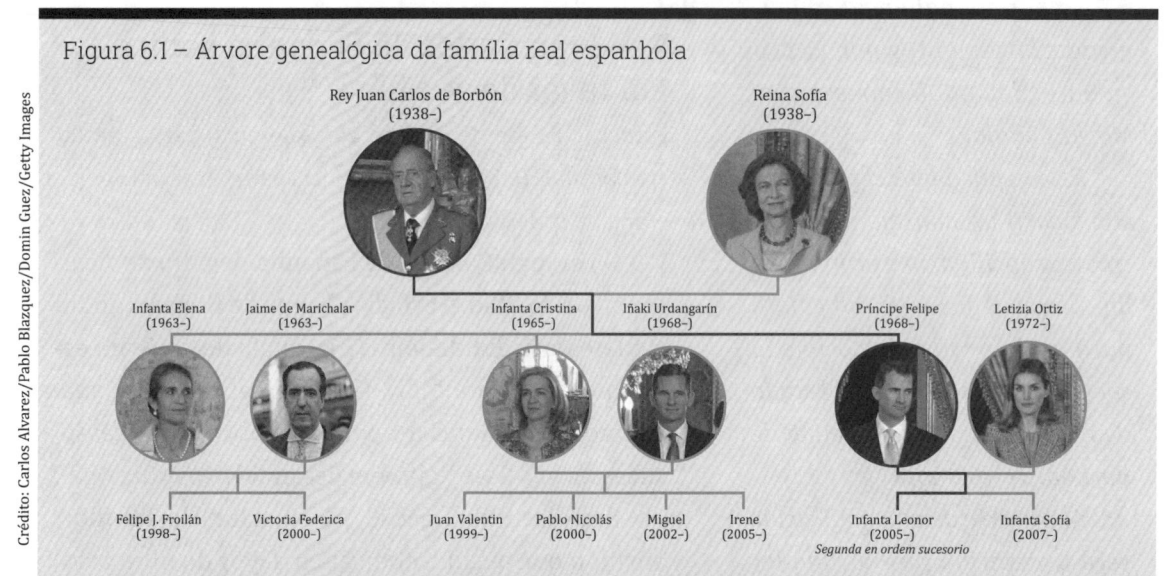

Rey Juan Carlos de Borbón (1938–)
Reina Sofía (1938–)

Infanta Elena (1963–) — Jaime de Marichalar (1963–)
Infanta Cristina (1965–) — Iñaki Urdangarín (1968–)
Príncipe Felipe (1968–) — Letizia Ortiz (1972–)

Felipe J. Froilán (1998–)
Victoria Federica (2000–)
Juan Valentín (1999–)
Pablo Nicolás (2000–)
Miguel (2002–)
Irene (2005–)
Infanta Leonor (2005–) *Segunda en ordem sucesorio*
Infanta Sofía (2007–)

En la Figura 6.1, vemos al Rey Juan Carlos, a su **esposa** Reina Sofía, a sus dos **hijas**, Elena y Cristina, y a su **hijo** Felipe. Los **hijos** ya se casaron, por lo tanto, hacen parte del árbol genealógico los **yernos** Jaime e Iñaki, la **nuera** Letizia y los **nietos** y **nietas**. La línea que muestra el orden sucesorio también destaca los miembros oficiales de la familia real después de la abdicación del Rey Juan Carlos. Entonces, actualmente la familia real está formada por Su Majestad el Rey Don Felipe VI, Su Majestad la Reina Doña Letizia, sus hijas Su Alteza Real la Princesa de Asturias Leonor, Su Alteza la Infanta Doña Sofía. Siguen con el título honorario mismo después de la abdicación, Su Majestad el Rey Juan Carlos y Su Majestad la Reina Doña Sofía.

6.2 *Conociendo la lengua:* verbo parecerse

Observando as imagens dos integrantes da família real espanhola, com base nas Figuras 6.2 e 6.3, podemos praticar mais uma especificidade da língua espanhola: o verbo *parecerse*.

¡Para practicar!

Observe as imagens nas Figuras 6.2 e 6.3 e verifique se as afirmações que acompanham as imagens estão corretas.

Figura 6.2 – Rei Felipe de Borbón (à esquerda) e Rei Juan Carlos (à direita)

Crédito: Carlos Alvarez/Getty Images

*El actual Rey de España, Felipe de Borbón, **se parece** a su padre.*

Figura 6.3 – Infanta Cristina (à esquerda) e Reina Sofia (à direita)

Crédito: Carlos Alvarez/Getty Images

*La infanta Cristina **se parece** a su madre.*

Quadro 6.1 – Conjugação do verbo *parecerse*

Pronombres	Verbo parecerse
Yo	me parezco
Tú	te pareces
Él/Ella/Usted	se parece
Nosotros/Nosotras	nos parecemos
Vosotros/Vosotras	os pareceis
Ellos/Ellas/Ustedes	se parecen

Para opinar sobre as comparações, observe atentamente as fotos nas Figuras 6.2 e 6.3 e pratique a escrita em língua espanhola: faça a descrição física de cada um dos membros da família real que estão sendo comparados. Ao final, veja se as descrições ficaram parecidas com as feitas pelos seus colegas.

Para ajudá-lo(la) a elaborar o texto, verifique a seguir alguns adjetivos:

Para describir las personas en español, podemos decir:
   La persona...
- *...está/es: fuerte, lindo(a), guapo(a), feo(a), bueno(a).*
- *...está en la: pubertad, adolescencia, juventud, flor de la vida, edad madura, vejez.*

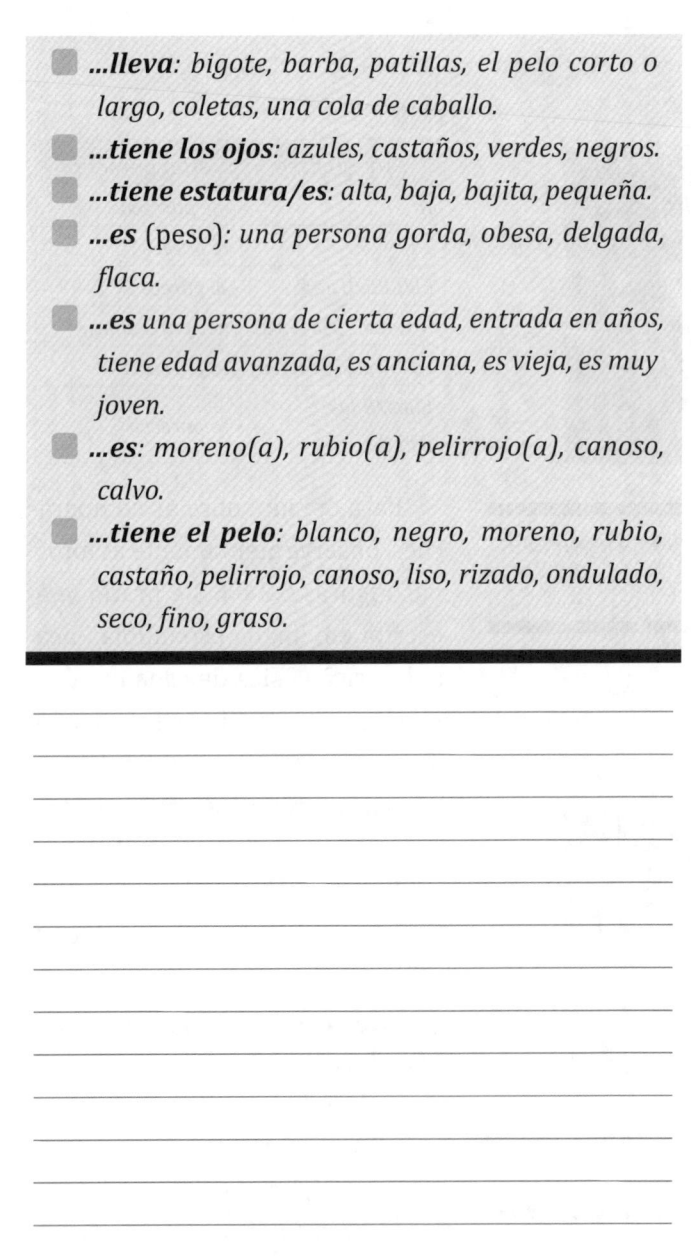

- **...lleva**: bigote, barba, patillas, el pelo corto o largo, coletas, una cola de caballo.
- **...tiene los ojos**: azules, castaños, verdes, negros.
- **...tiene estatura/es**: alta, baja, bajita, pequeña.
- **...es** (peso): una persona gorda, obesa, delgada, flaca.
- **...es** una persona de cierta edad, entrada en años, tiene edad avanzada, es anciana, es vieja, es muy joven.
- **...es**: moreno(a), rubio(a), pelirrojo(a), canoso, calvo.
- **...tiene el pelo**: blanco, negro, moreno, rubio, castaño, pelirrojo, canoso, liso, rizado, ondulado, seco, fino, graso.

Para saber mais

Para entender o regime político da Espanha e conhecer curiosidades sobre a constituição da Família Real espanhola, acesse a página oficial da Casa Real:

CASA DE SU MAJESTAD EL REY. Disponível em: <http://www.casareal.es/ES/Paginas/home.aspx>. Acesso em: 6 jun. 2016.

Exercícios

1) *Al describir una persona pelirroja, a respecto del cabello, es correcto decir:*
   a) *Tiene los pelos rojos.*
   b) *Tiene el pelo rubio.*
   c) *Tiene el pelo rojo.*
   d) *Tiene los pelos rubios.*
   e) *Tiene los pelos rizados.*

2) A expressão *lleva bigote* pode ser traduzida para o português por:
   a) leva bigode.
   b) corta bigode.
   c) leva barba.
   d) usa barba.
   e) usa bigode.

3) As duas filhas do atual Rei da Espanha levam o título de:
   a) *princesas.*
   b) *princesa e infanta.*
   c) *infantas.*
   d) *reynas.*
   e) *hijas.*

4) Assinale a alternativa que completa adequadamente a afirmação:

   La Princesa Leonor, próxima en la línea de sucesión al trono español, es _____ del Rey Juan Carlos de Borbón.

   a) *nieta.*
   b) *hija.*
   c) *hermana.*
   d) *sobrina.*
   e) *nuera.*

5) O verbo utilizado na língua espanhola para expressar semelhanças entre pessoas é:
   a) *parecer.*
   b) *semejar.*
   c) *llevarse.*
   d) *parecerse.*
   e) *llevar.*

6) *Es correcto decir que "el Rey Juan Carlos abdicó el trono en favor de su _____":*
   a) *yerno.*
   b) *hijo.*
   c) *rey.*
   d) *reyna.*
   e) *príncipe.*

7) O sistema político espanhol é denominado, em língua espanhola, de:
   a) *monarquía parlamentaria.*
   b) *monarquía.*
   c) *bigamía.*
   d) *república.*
   e) *socialista.*

8) A respeito da **atual** família real espanhola, é correto afirmar:
   a) *Los Reyes actuales son el Rey Juan Carlos y Su Majestad la Reina Doña Sofía.*
   b) *El Príncipe Felipe es el próximo en la línea de sucesión al trono.*
   c) *Llevan el título honorario Su Majestad el Rey Juan Carlos y Su Majestad la Reina Doña Sofía.*
   d) *Las Infantas Sofía y Leonor son hijas del actual Príncipe Felipe.*
   e) *Las Princesas Elena y Cristina son hijas del actual Rey Juan Carlos.*

9) A respeito da descrição física, é correto dizer, em língua espanhola, que *una persona es*:
   a) *fea o buonita.*
   b) *delgada o guorda.*
   c) *feia o guapa.*
   d) *magra o gorda.*
   e) *fuerte o débil.*

10) A tradução correta da seguinte frase para o espanhol é:

   A Infanta Cristina se parece com sua mãe, a Rainha Sofia.

   a) *La Infanta Cristina se parece con su madre, la Reina Sofía.*
   b) *La Infanta Cristina se parece a su madre, la Reina Sofía.*
   c) *La Infanta Cristina parece a su madre, la Reina Sofía.*
   d) *La Infanta Cristina parece con su madre, la Reina Sofía.*
   e) *La Infanta Cristina pareces a su madre, la Reina Sofía.*

Parte II

Nesta segunda etapa, você conhecerá estruturas mais complexas da língua espanhola e terá acesso a diversos conteúdos que permitem maior aproximação com o idioma e também com diferentes culturas.

Nesse momento de transição, é importante que você reflita sobre o que aprendeu até agora a partir do textos apresentados no idioma espanhol e também dos conteúdos linguístico-gramaticais explorados até então. Perceba como o aprendizado de uma língua estrangeira permite a familiarização com o idioma e também com diferentes aspectos culturais relacionados aos falantes da língua estudada. Essa prática pode ajudá-lo(la) a refletir sobre a importância do respeito às diferentes culturas e também a valorizar a sua própria cultura. Com esse pensamento, vamos continuar juntos nessa tarefa de aproximação com a língua espanhola!

capítulo siete

Na sociedade atual, é muito comum as pessoas reclamarem da falta de tempo. Parece que os avanços científicos e tecnológicos aceleraram o modo de vida das pessoas e a correria do cotidiano está cada dia mais intensa. Neste capítulo, você aprenderá a utilizar expressões em língua espanhola relacionadas ao **tempo**.

7.1 ¿Tienes tiempo?

Observe a Figura 7.1 e reflita sobre a afirmação e o conselho proposto, relacionando essas ideias com a forma como você administra seu tempo.

Figura 7.1 – Reflexão sobre o tempo

El tiempo no espera a nadie... Atesora cada momento que tienes y disfrútalo hoy.

Após a reflexão proposta na Figura 7.1, leia um texto que aprofunda o tema relacionado à administração do tempo e à espera pelo futuro:

Trabajo, tiempo libre, ocio y deporte

La escisión entre trabajo y tiempo libre es una de las características más sobresalientes en la vida cotidiana de las poblaciones de las sociedades industriales y urbanas. El tiempo de trabajo, esto es, el dedicado a realizar actividades productivas que ofrecen un resultado con valor económico o social, se encuentra claramente separado para la mayor parte de las poblaciones en las sociedades avanzadas, al contrario de lo que ha ocurrido durante siglos en las sociedades agrarias, del tiempo de no trabajo. A su vez, por tiempo de no trabajo se entiende toda actividad que se encuentra fuera del programa y obligaciones de las tareas productivas. Un tiempo que incluye el dedicado a realizar actividades de ocio, el dedicado a otras actividades propias de la vida íntima como son las de mantenimiento personal y familiar, y también el denominado tiempo residual.

Fonte: España, 2016.

¡Para practicar!

¿Cómo está tu tiempo? ¿Cuánto tiempo dedicas al trabajo? ¿Y al ocio? ¿Qué más te gusta hacer en las horas libres?

Escribe a continuación, en lengua española, las actividades a las que habitualmente dedicas más tiempo en tu cotidiano.

_____
_____
_____
_____
_____
_____

7.2 Conociendo la lengua: las horas

Observe alguns diálogos em que as pessoas trocam ideias sobre o **tempo** e as **horas**.

En casa

Crédito: Ankomando/Shutterstock

Anita *¿Qué hora es?*
Paloma *Son las siete menos cuarto.*
Anita *Me voy a clase.*
Paloma *¿A qué hora empieza?*
Anita *A las siete y media, y no quiero llegar tarde.*

En un sábado

Crédito: Zubada/Shutterstock

Luna ¿Qué hacemos hoy? ¿Vamos a la playa?

Iago ¿A la playa? ¡Ni hablar! Los embotellamientos son interminables.

Luna Y entonces, ¿a dónde vamos?

Iago Vamos de compras, el centro de compras está más cerca y así no llevamos mucho tiempo para desplazarnos.

En el trabajo

Juan Mira, está llegando retrasado nuevamente, ya son casi las ocho y media, algún día el jefe no lo tolera más y entonces...

Pablo Ah sí, gracias por preocuparte, es que el tránsito está cada día peor. Creo que tendré que salir de casa antes de las siete.

En el museo

Tiago ¿Qué hora es?

Murilo Son las once y cuarto, ¿por qué te preocupás?

Tiago Es que el paseo está en el inicio y ya tengo hambre, hasta que visitemos todo el museo ya pasará de la una. ¿Tenés algo para comer?

Murilo Hay algo en la mochila, pero no comás tanto porque vamos a comer en un restaurante típico así que salgamos del museo.

Tiago Sí, bueno.

Agora que você já verificou algumas situações cotidianas relacionadas ao tempo, observe com atenção como responder à pergunta *¿Qué hora es?* para informar as horas em espanhol.

en punto
menos cinco — y cinco
menos diez — y diez
menos cuarto — y cuarto
menos veinte — y veinte
menos veinticinco — y veinticinco
y media

Es la una.

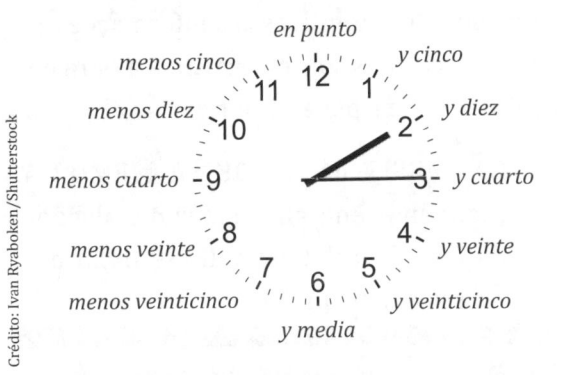

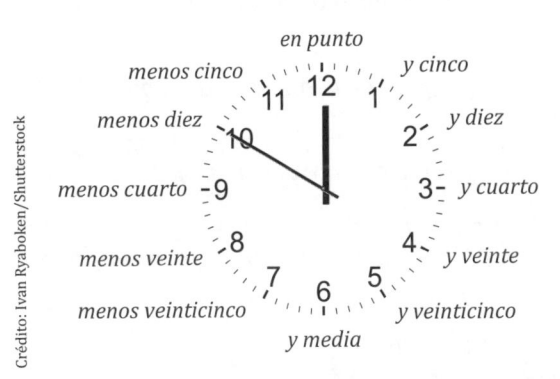

Son las dos y cuarto.

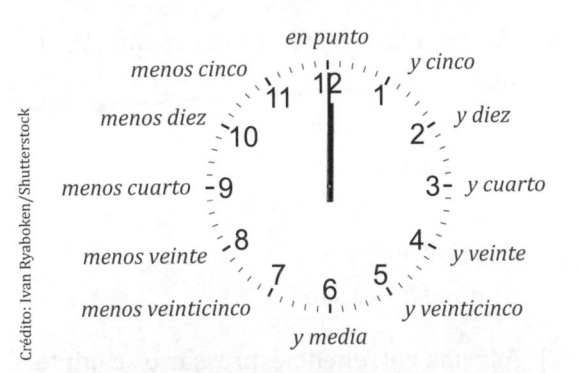

Es mediodía/medianoche.

Para expressar os minutos em espanhol, acrescentamos os minutos conforme demonstrado na imagem a seguir. Observe que até 30 minutos deve-se informar exatamente os minutos a serem acrescentados à hora. Depois dos 30 minutos, informa-se quanto falta para completar a hora seguinte.

¡Para practicar!

Pratique a forma de expressar algumas ações do cotidiano, respondendo, em espanhol, às perguntas propostas a seguir. Consulte também o Quadro 7.1, que mostra a conjugação dos verbos *ir* e *vir*, antes de responder aos questionamentos. Em seguida, para praticar a pronúncia, faça as perguntas para algum colega e troque informações com ele sobre os horários do cotidiano de cada um.

Quadro 7.1 – Verbos *ir* e *venir*

Pronombres	Verbo ir	Verbo venir
Yo	voy	vengo
Tú	vas	vienes
él/Ella/Usted	va	viene
Nosotros/ Nosotras	vamos	venimos
Vosotros/ Vosotras	vais	venís
Ellos/Ellas/ Ustedes	van	vienen

a) ¿A qué hora te despiertas?
_____

b) ¿A qué hora empiezas a trabajar?
_____

c) ¿A qué hora te acuestas?
_____

d) Y los fines de semana, ¿cómo aprovechas el tiempo libre? ¿Sueles dormir un poco más?
_____

Além dos verbos, existem expressões que são importantes para a prática comunicativa a respeito do tempo. Na sequência, você encontrará alguns exemplos. Procure refletir sobre suas ações diárias e, então, complete as frases com informações sobre as atividades que desenvolve no seu cotidiano.

- A menudo voy a _____.
- Casi siempre _____.
- Normalmente _____.
- Todos los días _____.
- (Sólo) A veces _____.
- (Casi) Nunca _____.

Para saber mais

Pratique a leitura em língua espanhola e conheça a famosa obra *La persistencia de la memoria*, de Salvador Dalí, uma belíssima e diferenciada interpretação do tempo. No *link* indicado, você tem acesso a informações, jogos e atividades sobre o artista e a obra em questão. Vale a pena conferir!

LA PERSISTENCIA DE LA MEMORIA. Disponível em: <http://www.salvador-dali.org/Persistencia/CASPdM.html>. Acesso em: 6 jun. 2016.

Exercícios

1) Para perguntar a hora em espanhol, se diz:
   a) ¿Qué horas son?
   b) ¿Qué hora es?
   c) ¿Qué horas tienes?
   d) ¿Qué hora eres?
   e) ¿Qué horas são?

2) A forma correta de expressar o seguinte horário indicado é:

   2h45

   a) *Es las dos y cuarto.*
   b) *Es las tres menos quince.*
   c) *Son las dos menos cuarto.*
   d) *Son las tres menos cuarto.*
   e) *Son las tres y cuarto.*

3) A grafia correta, em espanhol, da expressão "Os relógios", que intitula uma importante obra de Salvador Dalí, é:
   a) *Los relojes.*
   b) *El reloj.*
   c) *Lo reloj.*
   d) *Lo relojio.*
   e) *Los relojios.*

4) A tradução correta para o espanhol da seguinte frase é:

   Ana acorda cedo porque seu trabalho está longe de sua casa.

   a) *Ana acuerda cedo porque su trabajo está lejos de su casa.*
   b) *Ana se despierta temprano porque su trabajo está lejos de su casa.*
   c) *Ana despierta temprano porque su trabajo está lejos de su casa.*
   d) *Ana acuerda temprano porque su trabajo está lejos de su casa.*
   e) *Ana se despierta cedo porque su trabajo está lejos de su casa.*

5) A expressão *a menudo* pode ser traduzida para o português como:
   a) nunca.
   b) às vezes.
   c) sempre.
   d) frequentemente.
   e) normalmente.

6) A tradução para o espanhol da seguinte frase é:

   Vou ao trabalho de carro.

   a) *Vou al trabajo de coche.*
   b) *Voy al trabajo en coche.*
   c) *Voy ao trabajo de coche.*
   d) *Vou ao trabajo en coche.*
   e) *Voy al trabajo de coche.*

7) Em espanhol, o verbo que apresenta o sentido do verbo *acordar*, é:
   a) *acordarse.*
   b) *dormirse.*
   c) *levantarse.*
   d) *despertarse.*
   e) *acostarse.*

8) Assinale a alternativa que completa a frase adequadamente:

   La mayoría de los brasileños almuerza...

   a) *al mediodía.*
   b) *a la mediodía.*
   c) *a la doce.*
   d) *a las mediodía.*
   e) *al medio día.*

9) *En las regiones donde se duerme la siesta, el comercio cierra:*
   a) *desde el mediodía.*
   b) *entre una e cinco de la tarde.*
   c) *entre duas y cinco de la tarde.*
   d) *entre dos y seis y media.*
   e) *entre las dos y las cinco de la tarde.*

10) A seguinte expressão destacada pode ser substituída, sem alterar o sentido, por:

   <u>Normalmente</u> me despierto a las seis de la mañana.

   a) *A menudo.*
   b) *A veces.*
   c) *Siempre.*
   d) *Nunca.*
   e) *Raro.*

capítulo OCHO

No capítulo anterior, refletimos sobre o tempo, praticando o uso da língua espanhola para falar sobre ações cotidianas e horários. Neste capítulo, continuaremos nossa reflexão sobre esse tema, mas desta vez sob uma visão mais coletiva, pensando no **futuro** do nosso planeta.

8.1 *El futuro del planeta*

Já faz algum tempo que temas como sustentabilidade, meio ambiente e preservação da natureza têm sido amplamente discutidos em toda a sociedade. Isso porque a ação do ser humano sobre a natureza tem gerado consequências graves no ecossistema, o que, a longo prazo, pode inviabilizar a sobrevivência do ser humano na Terra. Diante dessa problemática, vamos refletir juntos com base no seguinte questionamento: *¿Qué pasará con nosotros en el futuro?*

Veja um exemplo do que já foi noticiado sobre o tema:

> ### Sin futuro: La Tierra agotará sus recursos energéticos para el 2050
> *Un negro futuro le espera a nuestro planeta. Para el 2050, si la humanidad no deja de crecer se enfrentará al desastre ecológico, la falta de recursos energéticos y el hambre.*

Fonte: Sin futuro..., 2012.

¡Para practicar!

Observe a data de publicação da notícia que apresentamos anteriormente. Alguns anos se passaram, não é? Como você percebe as tomadas de decisão a respeito dos recursos comentados na notícia desde então? Aconteceram mudanças impactantes na sociedade? Como cidadão, você tem consciência da gravidade do problema relatado? Será que se trata de um problema real ou de um alarme falso para vender notícia?

Suas anotações podem ser em língua portuguesa, pois, neste exercício, esperamos que você expresse sua compreensão como leitor, não se preocupando com a forma escrita em espanhol.

_____
_____
_____
_____
_____
_____
_____

8.2 Conociendo la lengua: verbos en futuro

Na notícia apresentada, há duas formas verbais que indicam tempo futuro: *agotará* e *enfrentará*. É provável que você tenha entendido perfeitamente as duas expressões, pois a conjugação dos verbos no **futuro do indicativo** é muito semelhante ao mesmo tempo verbal na língua portuguesa. Vejamos a seguir outros exemplos de conjugação no futuro.

Quadro 8.1 – Conjugação verbal no futuro do indicativo

Pronombres	Verbo amar	Verbo ser	Verbo decir	Verbo hacer
Yo	Amaré	Seré	Diré	Haré
Tú	Amarás	Serás	Dirás	Harás
Él/Ella/Usted	Amará	Será	Dirá	Hará
Nosotros/Nosotras	Amaremos	Seremos	Diremos	Haremos
Vosotros/Vosotras	Amaréis	Seréis	Diréis	Haréis
Ellos/Ellas/Ustedes	Amarán	Serán	Dirán	Harán

Nos exemplos de verbos demonstrados no Quadro 8.1, existe uma **regularidade** que auxilia na conjugação de outros verbos semelhantes. Assim, verbos terminados em *ar*, como *caminar* e *hablar*, podem ser conjugados utilizando as terminações demonstradas no verbo *amar*. O mesmo acontece com verbos terminados em *er*, que podem ser facilmente conjugados com base no exemplo dos verbos *ser* e *hacer*; e, por último, verbos terminado em *ir* podem seguir o exemplo da conjugação do verbo *decir*.

Apesar dessa facilidade, há verbos **irregulares**, ou seja, que não seguem o padrão das terminações para serem conjugados. Observe mais um texto que trata de previsões negativas sobre o futuro do planeta Terra e atente-se para o verbo destacado.

Un supercontinente en el futuro da Tierra

[...]
LONDRES – Es el año 250.000.000 y la Tierra está viva. Los humanos hace mucho que hemos perecido, pero el planeta todavía es el hogar de una asombrosa serie de formas de vida. Sin embargo aparte de unos pocos misteriosos fósiles, no hay rastros de que alguna vez existimos.

Si pudiéramos visitar esta Tierra del futuro apenas podríamos reconocerla. Los continentes *se han unido para formar un solo y gigantesco supercontinente rodeado por un océano global. Gran parte de la tierra es un desierto inhóspito mientras que la costa es golpeada por feroces tormentas. Los océanos son turbulentos en la superficie y carentes de oxígeno en sus profundidades.*

[...]

*"Lo hermoso de todo esto es que nadie **podrá** jamás demostrar que estoy equivocado", asegura. [Roy Livermore, geólogo de la Universidad de Cambridge]*

Fonte: Williams; Nield, 2007, grifo nosso.

Atenção!

O verbo destacado no texto está conjugado no futuro e é classificado como irregular porque não segue o padrão de conjugação das terminações demonstradas anteriormente no Quadro 8.1.

Para saber mais

Acesse o *site* no qual esse texto foi publicado e veja opiniões de outros geólogos acerca do tema:

> WILLIAMS, C.; NIELD, T. Un Supercontinente en el Futuro de la Tierra. **La Nácion**, 28 out. 2007. Disponível em: <http://www.lanacion.com.ar/957124-un-supercontinente-en-el-futuro-de-la-tierra>. Acesso em: 6 jun. 2016.

¡Para practicar!

As previsões demonstradas no texto não resultam de pesquisas oficiais, mas de opiniões de geólogos a respeito do futuro do planeta. Releia a última frase e explique por que o geólogo expressa a certeza de que ninguém poderá contrariá-lo no futuro.

Suas anotações podem ser em língua portuguesa, pois, neste exercício, esperamos que você expresse sua compreensão como leitor, não se preocupando com a forma escrita em espanhol.

_____
_____
_____
_____
_____
_____
_____
_____

8.3 *Conociendo la lengua*: verbos irregulares

Assim como o verbo *poder*, existem outros verbos irregulares. Observe os seguintes exemplos:

Quadro 8.2 – Conjugação de verbos irregulares no futuro do indicativo

Pronombres	Verbo poder	Verbo tener	Verbo salir
Yo	podré	tendré	saldré
Tú	podrás	tendrás	saldrás
Él/Ella/Usted	podrá	tendrá	saldrá
Nosotros/Nosotras	podremos	tendremos	saldremos
Vosotros/Vosotras	podréis	tendréis	saldréis
Ellos/Ellas/Ustedes	podrán	tendrán	saldrán

Vimos exemplos de verbos conjugados no futuro indicativo utilizados em reflexões acerca do futuro do nosso planeta. Mas, além dessas formas verbais, existem outras conjugações no futuro que nos auxiliam na comunicação de ações que serão realizadas em um futuro mais próximo. Vejamos exemplos dessas expressões nos enunciados a seguir:

¿Qué vas a hacer el próximo fin de semana?

Yo **voy a jugar al** fútbol con mis amigos. El partido ya está confirmado.

Tú **vas a estudiar** para la semana de pruebas.

> *Vamos a ver a nuestros cantantes predilectos. Mañana mismo Mariana va a comprar los billetes para el concierto.*

As expressões destacadas nesses enunciados são chamadas *perífrases verbais*. Utilizamos esses termos para nos referir a ações em um futuro próximo, assim como no português. No entanto, não devemos esquecer: a construção dessas frases em língua espanhola é diferente em virtude da preposição *a* entre os dois verbos. Confira os exemplos demonstrados a seguir.

¿Qué actitud puedes tomar en tu casa para ayudar a preservar la naturaleza?
- ***Voy a comprar*** *bolsas reutilizables para ir al mercado.*
- ***Vamos a lavar*** *el coche con agua reutilizada de la lavadora.*

¡Para practicar!

Depois das reflexões propostas neste capítulo, expresse em tópicos sua opinião sobre o futuro do planeta Terra. Observe algumas expressões que podem ajudá-lo em sua produção escrita em espanhol:
- *El planeta no tendrá...*
- *La humanidad será...*
- *La Tierra irá...*

_____
_____
_____
_____
_____

Para saber mais

Conheça as tirinhas do cartunista Ramón, publicadas diariamente no jornal *El País*. Trata-se de uma leitura divertida, prazerosa, com base em reflexões de temas contemporâneos de grande importância.

EL PAÍS. **Las viñetas de El País**. Disponível em: <http://elpais.com/tag/c/ec7a643a2efd84d02c5948f7a9c86aa7>. Acesso em: 6 jun. 2016.

Exercícios

1) Assinale a alternativa que apresenta o verbo *hacer* conjugado adequadamente para completar a frase indicada:

   El próximo año _____ un curso de lengua española.

   a) haceré.
   b) hacerey.
   c) harey.
   d) haré.
   e) hacería.

2) A alternativa que apresenta verbos conjugados adequadamente no futuro é:
   a) *Eres, dices, puedes, sales.*
   b) *Serás, dirías, podía, salía.*
   c) *Seré, diré, podré, saldré.*
   d) *Seréy, diréy, poderey, saldrey.*
   e) *Será, dirá, poderá, salirá.*

3) Assinale a alternativa que preenche adequadamente o espaço:

   El próximo fin de semana el tiempo _____ nublado.

   a) hará.
   b) estará.
   c) será.
   d) estarás.
   e) serás.

4) Assinale a alternativa que completa adequadamente o texto da notícia publicada antes das semifinais da Copa América:

   > *Así se _____ los cuartos de final de la Copa América*
   > **Chile vs. Uruguay, Bolivia vs. Perú, Argentina vs. Colombia y Brasil vs. Paraguay.**

   Fonte: Así..., 2016, grifo do original.

   a) *disputarán.*
   b) *disputaron.*
   c) *disputaraõ.*
   d) *disputarían.*
   e) *disputarám.*

5) Assinale a alternativa que completa adequadamente o texto da notícia:

   > *Argentina _____ contra Colombia, Brasil contra Paraguay, Perú contra Bolivia y Chile frente a Uruguay en los cuartos de final de la Copa América de Chile-2015 cuya fase inicial concluyó este domingo.*

   Fonte: Así..., 2016,.

a) *jogará.*
b) *jugará.*
c) *jugará.*
d) *jogará.*
e) *jugarán.*

6) Para indicar ações que acontecerão em um tempo futuro próximo, utilizamos:
   a) *verbos infinitivos.*
   b) *gerúndio.*
   c) *perífrasis verbales de futuro.*
   d) *pretérito perfecto.*
   e) *pretérito compuesto.*

7) Complete a frase com a forma mais adequada de perífrases de futuro:

   Después de la comida _____.

   a) *vamos a visitar el museo.*
   b) *fuimos visitar el museo.*
   c) *nos gustaría visitar el museo.*
   d) *nos gustó visitar el museo.*
   e) *visitamos el museo.*

8) Leia a seguir a tirinha de Ramón, publicada no jornal *El País*:

Fonte: © RAMÓN / EDICIONES EL PAÍS, SL 2012.

A respeito do tema abordado na tirinha, é correto afirmar:
a) *Habla sobre los problemas climáticos del planeta Tierra.*
b) *Habla sobre la temperatura en la próxima estación.*
c) *Habla sobre humor.*
d) *Habla sobre el pasado del planeta Tierra.*
e) *Habla sobre el futuro del planeta Tierra.*

9) A forma infinitiva do verbo destacado no texto é:

¿Saldrá Grecia del euro?: las consecuencias del 'sí' y del 'no'.

Fonte: Roig, 2015.

a) *salir.*
b) *ser.*
c) *será.*
d) *salirá.*
e) *salar.*

10) A tradução correta para a frase do exercício anterior é:
   a) *Grécia será do euro? As consequências do 'sim' e do 'não'.*
   b) *Grécia sairá do euro? As consequências do 'sim' e do 'não'.*
   c) *Grécia saiu do euro? As consequências do 'sim' e do 'não'.*
   d) *Grécia sairá de euro? As consequências de 'sim' e 'não'.*
   e) *Grécia será do euro? As consequências de 'sim' e de 'não'.*

capítulo nueve

¿Dónde vivimos?

No capítulo anterior, discutimos questões relativas à sustentabilidade no Planeta Terra. Agora, levaremos a discussão para uma esfera menor, a fim de que você conheça o vocabulário em língua espanhola para se referir a cidades. Assim, você aprenderá a descrever o espaço onde vive utilizando a língua espanhola e ainda conhecerá curiosidades sobre diferentes lugares em que o espanhol é o idioma oficial.

9.1 *La ciudad donde vivimos*

Observe a letra da música *En la ciudad*, da banda espanhola Amparanoia (2002) e atente-se às palavras que poderá utilizar para responder ao exercício proposto na sequência:

> **En la ciudad**
> En la ciudad hay mucha tribu, mucho barrio.
> Hay poco saldo, mucho banco.
> Aves de paso que se quedarán.
> En la ciudad todo se paga con tarjeta,
> aquí la gente es muy discreta
> y por la calle no te van a mirar.

Fonte: Amparanoia, 2002.

¡Para practicar!

Faça um glossário com base na letra da música *En la ciudad*, da banda Amparanoia (2002). Busque, no texto, a tradução em espanhol das palavras indicadas no quadro a seguir e acrescente à lista outras palavras que não entendeu pelo contexto e teve necessidade de verificar a tradução no dicionário.

En español	Em português
	rua
	bairro
	cidade
	gente
	cartão

Conheça agora diversas expressões que auxiliam na descrição de cidades. Ao desenvolver o exercício proposto, você ampliará o léxico em língua espanhola e também desenvolverá a prática de produção escrita.

¡Para practicar!

Converse com um colega sobre as características listadas a seguir e assinale, circule ou complete os espaços com as informações da cidade onde você mora.

¿Cómo es la ciudad dónde vives?
- ¿Es antigua o moderna?
- ¿Es bonita o fea?
- ¿Es grande o pequeña?
- ¿Es tranquila o agitada?
- ¿Es sucia o limpia?
- ¿Es organizada o desordenada?

¿Qué hay en tu ciudad?

( ) edificios ( ) cines
( ) parques ( ) museos
( ) bancos ( ) estadios
( ) iglesias ( ) escuelas
( ) hospitales ( ) ríos
( ) centros comerciales ( ) tiendas
( ) monumentos ( ) teatros
( ) plazas ( ) universidades

La ciudad donde vives está cerca de...

( ) playas ( ) montañas
( ) ríos ( ) aeropuertos

Tu ciudad está localizada...
- al norte de/del _____
- al sur de/del _____
- al este de/del _____
- al oeste de/del _____
- en el centro de _____

9.2 Una ciudad española

Conheça agora uma cidade típica da Espanha onde se originou o prato mais tradicional da comida espanhola: *la paella*. O texto proposto na sequência traz informações sobre um lugar pitoresco, pouco conhecido fora da Espanha, mas que é berço da receita original do prato mais famoso da culinária espanhola. Pratique a leitura para acessar as informações comentadas e ainda ampliar o léxico relacionado à descrição de lugares.

La paella, el plato español más internacional

Hace unos pocos meses estuve de vacaciones por España y recalé en una atractiva e histórica ciudad llamada Valencia. Como tengo una gran curiosidad por la gastronomía de los lugares que visito y además me había informado concienzudamente, sabía que estaba en el lugar exacto donde nació uno de los platos más célebres del mundo: la paella.

[...]

El problema es que, fuera de Valencia, no son muchos los que han tenido la suerte de probar la receta original, y lo normal es haber comido algo que los valencianos llaman: "arroz con cosas". Aunque la mayoría de la gente cree que la paella sólo lleva

> *mariscos, lo cierto es que la verdadera y tradicional es una receta muy antigua que proviene de la población campesina, que en Valencia no estaba necesariamente a orillas del mar, y añadía lo que tenía a mano: un conejo, vegetales que cosechaban en sus huertas y pollo de corral. El único lujo era el azafrán, imprescindible para cualquier paella. De hecho, la paella valenciana tradicional no lleva marisco, se cocina con pollo, conejo y verduras típicas de la huerta valenciana.*

Fonte: Towers, 2016.

Provavelmente você já tinha ouvido falar da *paella*, pois no Brasil esse prato típico espanhol é amplamente divulgado. No entanto, o testemunho que apresentamos anteriormente descaracteriza uma definição comum dada à *paella* pelos brasileiros, que comumente a definem como *risoto de frutos do mar*. Percebemos, a partir do relato do texto, que a receita original é mais simples do que se pode imaginar, com ingredientes que podem ser muitas vezes encontrados sem tanta dificuldade e, curiosamente, sem nenhum fruto do mar.

Ficou com vontade de provar esse delicioso prato em sua forma original? Então, confira a seguir a receita prática e simples da tradicional *paella valenciana*.

Ingredientes
[para 4 personas]
½ pollo troceado
½ conejo troceado
400 g de arroz
150 g de judía verde plana
150 g de judiones (alubias blancas de mayor tamaño)
1 tomate rallado
1 diente de ajo picado
1 cuchara sopera de pimentón dulce
sal
100 ml de aceite de oliva extra virgen
6 hebras de azafran
agua

Elaboración
1. Vertemos el aceite en el centro de la paellera, la nivelamos, encendemos el fuego y calentamos el aceite.
2. Cuando el aceite comienza a humear, incorporamos el pollo y el conejo troceados y ligeramente salados, dorándolos cuidadosamente a fuego medio. Es muy importante que toda la carne esté muy dorada, el éxito de la paella depende mucho de esta etapa de la elaboración.
3. Añadimos la verdura troceada, y la rehogamos unos minutos.
4. Incorporamos el tomate y el diente de ajo picado, lo sofreímos unos minutos y añadimos el pimentón (es importante que el fuego esté suave en el momento de poner el pimentón, ya que se corre el riesgo de que se queme y la paella resulte amarga). Dejamos rehogar un minuto y añadimos el agua hasta casi el borde.
5. La dejamos cocer unos 20 minutos, añadiendo más agua y sal si fuera necesario.
6. Transcurridos los 20 minutos, incorporamos el arroz. Hay que procurar que el caldo de la paellera, en el momento de verter el arroz, llegue justo hasta la mitad de los remaches de las asas.
7. Agregamos el azafrán sobre el arroz, como consideremos oportuno (en hebras, tostado, molido, diluido...). Mezclamos uniformemente el arroz en el recipiente y procuramos que no queden granos de arroz sobre la carne o la verdura. Cocemos a fuego muy fuerte durante 8 primeros minutos, o hasta que el arroz medio cocido comience a asomar, y 10 minutos a fuego suave.
8. Dejamos reposar unos minutos y a disfrutarla.

Fonte: Towers, 2016.

¡Para practicar!

Falamos da cidade de Valencia e de seu prato típico mais tradicional. Agora, é hora de compartilhar informações sobre a culinária brasileira. Converse com seus colegas sobre as informações da região onde você mora e faça o exercício proposto a seguir.

¿Tu ciudad, estado o región tiene algún plato típico famoso? ¿Hay puntos turísticos conocidos y visitados por turistas extranjeros en la región dónde vives?

Haz los apuntes con tus respuestas antes de charlar con los compañeros. Te ayudamos a empezar a escribir:

En mi ciudad hay _____
_____
_____
_____
_____

Exercícios

1) Com base na observação do mapa da América Latina, é correto afirmar que:

a) *Uruguay está al este de Brasil.*
b) *Venezuela está al sur de Brasil.*
c) *Perú, Bolivia y Paraguay están al oeste de Brasil.*
d) *Chile está al norte de Argentina.*
e) *Las Guyanas están al este de Brasil.*

2) Assinale a alternativa que apresenta o prato típico mais tradicional da Espanha:
   a) *Paella.*
   b) *Fogaza.*
   c) *Pastel.*
   d) *Tarta.*
   e) *Empanada.*

3) Sobre a *"paella española"*, é correto afirmar:
   a) *Es un plato típico, preparado con mariscos y verduras típicas.*
   b) *Es un plato típico que se originó en la región de la capital de España, Madrid.*
   c) *Es un plato típico de la región de Valencia, pero poco conocido internacionalmente.*
   d) *Es un plato típico español, tradicionalmente preparado con carne de pollo, conejo y verduras típicas.*
   e) *Es un plato típico de la región de Valencia y poco conocido en Brasil.*

4) São formas corretas de caracterizar cidades, em espanhol:
   a) *Limpa, pequenha, agitada, sucia.*
   b) *Limpia, pequeña, agitada, sucia.*
   c) *Limpia, pequeña, ajitada, sujia.*
   d) *Limpa, pequeña, ajitada, sucia.*
   e) *Limpia, pequenha, agitada, sujia.*

5) Para indicar localização em espanhol podemos utilizar as expressões:
   a) *Ao norte, ao sul, ao leste, ao oeste.*
   b) *Ao norte, ao sur, ao este, ao oeste.*
   c) *Al norte, al sur, al este, al oeste.*
   d) *Al norte, al sur, al leste, al oeste.*
   e) *Al norte, al sul, al este, al oeste.*

6) *Se puede afirmar que São Paulo, la mayor ciudad brasileña, es una ciudad:*
   a) *pequeña.*
   b) *pequenha.*
   c) *calma.*
   d) *ajitada.*
   e) *agitada.*

7) A tradução correta para o espanhol da seguinte frase é:

   Na Espanha, há muitos parques e museus para visitar.

   a) *En España hay muchos parques y museos para visitar.*
   b) *En la España tiene muchos parques y museos para visitar.*
   c) *En la España hay muchos parques y museos para visitar.*
   d) *En España ha muchos parques y museos para visitar.*
   e) *En la España ha muchos parques y museos para visitar.*

8) Assinale a alternativa que completa a frase adequadamente:

La Plaza Mayor, uno _____ puntos turísticos más famosos de España, está localizada _____ centro de Madrid.

a) de los, en el.
b) de el, en el.
c) de los, en lo.
d) del, en el.
e) de lo, en lo.

9) Assinale a alternativa que apresenta a tradução correta para a língua espanhola da seguinte frase:

O Museu do Prado está localizado em Madri, a capital da Espanha.

a) *El Museo de lo Prado está localizado en Madrid, la capital del España.*
b) *El Museo del Prado está localizado en Madrid, la capital de España.*
c) *El Museo del Prado está localizado en Madrid, la capital de la España.*
d) *Lo Museo del Prado está localizado en Madrid, la capital de España.*
e) *Lo Museo del Prado está localizado en Madrid, la capital de la España.*

10) *Según el mapa, Valencia está localizada:*

a) *al norte de España.*
b) *al sur de Murcia.*
c) *al oeste de España.*
d) *al este de España.*
e) *al norte de Cataluña.*

capítulo diez

Depois de falarmos sobre culinária típica, é importante aprendermos a expressar gostos e preferências utilizando a língua espanhola.

10.1 Gustos

Perceba como o verbo *gustar* é utilizado de forma diferente no texto:

> *A nosotros brasileños nos gusta mucho la carne, pero hay regiones en que encontramos riquísimos platos con pescados y frutos del mar, principalmente en el litoral. Y a ti, ¿qué más te gusta?*

Figura 10.1 – ¿Qué prefieres? ¿Carnes o pescados?

Crédito: Maraze/Shutterstock

Na primeira linha desse texto, o verbo *gustar* está conjugado na terceira pessoa do plural, pois se refere a **nós** brasileiros. Já no questionamento final, o verbo foi conjugado na segunda pessoa, pois está direcionado a **você**. Observe, na sequência, as demais formas de concordância do verbo *gustar*.

10.2 *Conociendo la lengua:* verbos gustar y encantar

Confira no Quadro 10.1 a conjugação completa do verbo *gustar* e também do verbo *encantar*, muito utilizados para expressar o apreço por algo.

Quadro 10.1 – Conjugação do verbo *gustar*

	Verbo gustar	Verbo encantar
A mí	Me gusta	Me encanta
A ti	Te gusta	Te encanta
A él, ella, usted	Le gusta	Le encanta
A nosotros	Nos gusta	Nos encanta
A vosotros	Os gusta	Os encanta
A ellos, ellas, ustedes	Les gusta	Les encanta

Como você pôde perceber, a conjugação do verbo é feita pela **variação do pronome**, pois os verbos *gustar* e *encantar* permanecem inalterados e sofrem alterações apenas de número. Leia os exemplos:

> ■ **Me gustan** los platos típicos españoles.
> ■ **Me encantan** las particularidades de la comida nordestina en Brasil.

Agora, vamos verificar a aplicação dos verbos estudados em contexto (*gustar* e *encantar*).

Una encuesta revela lo que más les gusta a las españolas en verano.
La playa es el destino de las nórdicas que durante el año apenas ven la luz del sol.

Fonte: Una encuesta..., 2009.

Las preferencias de los españoles en sabores y comida
En comida, los españoles son cada vez más atrevidos y apuestan por sabores exóticos e innovadores mostrándose más abiertos a los sabores exóticos y con fuerte personalidad. Por otro lado, no son tan golosos como pensábamos y prefieren los sabores salados.

Casi el 39% indica que el sabor salado es el que más les gusta. En cuanto al dulce y el picante, las preferencias están repartidas: el 20,91% de los encuestados declara su pasión por lo dulce, mientras que el 21,43% son amantes de uno de los sabores con más personalidad y fuerza, el picante.

[...]

Una de las actividades que más les gusta hacer a los españoles durante su tiempo libre, organizar comidas en casa, ocupa el tercer lugar en la lista de preferencias ya que los españoles comen acompañados y asocian el poder disfrutar de una cena en familia o con amigos en casa con un momento de relax, desconexión y diversión.

Fonte: Las preferencias..., 2015.

Para saber mais:
Para conhecer mais detalhes sobre características dos gostos e preferências dos espanhóis, acesse a matéria completa que apresenta os resultados da pesquisa sobre as preferências gastronômicas na Espanha:

LAS PREFERENCIAS de los españoles en sabores y comida. **Diario de Gastronomía**, 23 abr. 2015. Disponível em: <http://diariodegastronomia.com/las-preferencias-de-los-espanoles-en-sabores-y-comida>. Acesso em: 22 jun. 2016.

Os enunciados anteriores foram escritos em terceira pessoa, pois estamos falando dos costumes dos espanhóis. Vamos falar dos gostos do povo brasileiro?

¡Para practicar!

Escreva ao menos um exemplo de algum gosto específico do povo brasileiro. Em seguida, converse com seus colegas e troque ideias para ampliar o vocabulário e compartilhar experiências sobre as expressões dos gostos e preferências utilizando a língua espanhola.

A nosotros, brasileños, nos gusta...

_____
_____
_____
_____
_____
_____
_____

10.3 Conociendo la lengua: la conjunción y

O texto a seguir apresenta uma expressão idiomática que destaca a importância da diversidade entre gostos e preferências em diferentes culturas:

> *"sobre gustos no hay nada escrito y para gustos están los colores"*

O termo destacado é uma palavra muito utilizada na comunicação. Trata-se da conjunção *y*.

Atenção!

Antes de palavras iniciadas por *i* ou *hi*, no lugar da conjunção *y*, utilizamos a letra *e*.

Além do *y*, existem outras conjunções bastante utilizadas na comunicação em língua espanhola. Veja o exemplo de outra conjunção na frase a seguir:

> *Las palabras son bonitas, **pero** si no van de la mano con los hechos, no valen nada.*

Para saber mais

Conheça outras expressões idiomáticas no *blog* a seguir:

BLOG DA ¡HOLA! ¿QUE TAL?. **Expresiones idiomáticas usadas en español (Modismos)**. Disponível em: <https://blogholaquetal.wordpress.com/2010/04/14/expresiones-idiomaticas-usadas-en-espanol-modismos>. Acesso em: 7 jun. 2016.

Conheça as demais conjunções da língua espanhola e pratique a audição do idioma acessando o *link*:

AHORA ENTIENDO LENGUA'S CHANNEL. **Conjunciones**. 5 mayo 2012. Disponível em: <https://www.youtube.com/watch?v=-tLUGvCo5T4>. Acesso em: 7 jun. 2016.

Lluvia de colores _____ flores adorna las calles de Cali
En guayacanes _____ gualandayes brota un arco iris que alegra siempre los veranos de agosto.

Fonte: Lluvia..., 2015.

Exercícios

1) Para perguntar "você gosta de...", em espanhol, utilizamos a expressão:
   a) ¿Te gusta...?
   b) Me gustas...
   c) Vos gusta...
   d) Vos gusta de...
   e) Te gusta de...

2) Assinale a alternativa que completa a frase adequadamente:

   A Mafalda no _____ la sopa.
   a) te gusta.
   b) le gusta.
   c) me gusta.
   d) lhe gusta.
   e) os gusta.

3) Leia a notícia sobre o verão na Colômbia e assinale a alternativa que apresenta as expressões corretas para completar os espaços:

   a) e, e.
   b) y, e.
   c) y, y.
   d) e, y.
   e) o, o.

4) Assinale a alternativa que completa a frase adequadamente:

   A los españoles _____ charlar con sus amigos; comer y cenar fuera de casa.
   a) os gusta.
   b) nos gusta.
   c) no gusta.
   d) les gusta.
   e) le gusta.

5) A tradução correta para a expressão "não gosto de...", em espanhol, é:
   a) No me gusta de...
   b) No me gusta...
   c) No le gusta...

d) *No les gusta...*
e) *No me gustan de...*

6) A alternativa que apresenta a escrita correta é:
   a) *A nosotros, brasileños, nos gustan los ritmos musicales "sertanejos".*
   b) *A nosotros, brasileños, nos gusta los ritmos musicales "sertanejos".*
   c) *A nosotros, brasileños, nos gustan de los ritmos musicales "sertanejos".*
   d) *A nosotros, brasileños, nos gusta de los ritmos musicales "sertanejos".*
   e) *A nosotros, brasileños, os gusta los ritmos musicales "sertanejos".*

7) Assinale a frase **incorreta**:
   a) *A ellos les gusta beber vino.*
   b) *A los españoles les encanta cenar fuera y bailar para celebrar algo.*
   c) *Les gusta echarse la siesta después de comer.*
   d) *A los españoles les encanta su país.*
   e) *A los brasileños les encanta sus playas.*

8) A palavra destacada no texto a seguir é uma conjunção bastante utilizada na língua espanhola e pode ser traduzida para o português:

   *España se recupera de la crisis económica **pero** elude el cambio de modelo.*

   Fonte: Barbeira, 2015, grifo nosso.

   a) somente pelo termo *porém*.
   b) pelo termo *más*.
   c) pelos termos *mais* ou *porém*.
   d) pelos termos *más* ou *porém*.
   e) pelos termos *mas* ou *porém*.

9) A alternativa em que o verbo *encantar* está conjugado adequadamente é:
   a) *A los chilenos les encantan las empanadas.*
   b) *A los argentinos os encanta la parrillada.*
   c) *A los españoles lhes encanta la paella.*
   d) *A los brasileños nos encanta la feijoada.*
   e) *A los mexicanos se encantan los tacos.*

10) O enunciado a seguir pode ser considerado um exemplo de:

    Sobre gustos no hay nada escrito y para gustos están los colores.

    a) *heterotónicos.*
    b) *heterogenéricos.*
    c) *heterosemánticos.*
    d) *expresión idiomática.*
    e) *expresión regional.*

capítulo once

El pasado

Nos capítulos anteriores, conversamos sobre o tempo e refletimos sobre o futuro. Neste capítulo, nossas reflexões serão permeadas por um pouco de nostalgia e saudade, pois aprenderemos a nos expressar em espanhol para contar fatos e acontecimentos do **passado**.

11.1 ¿Qué hacías cuando eras niño?

Pense na sua rotina de infância e então expresse o que lhe traz mais saudade. Para inspirar sua viagem no passado, leia o depoimento a seguir:

Las cosas que hacía cuando niño

Enterraba a los pajaritos que caían del árbol de mi patio. Les *ponía* una cruz y mamá decía que eso era una suerte de sacrilegio.

Una vez me cagué en los pantalones. *Estaba* en Kinder. Estuve todo el día con el pastel en el trasero. De noche eché los calzoncillos a la lavadora apostando que pasaría inadvertido.

Le daba besos a las fotos de modelos de la revista "Vanidades" antes de acostarme, para soñar con ellas.

Conversaba con Johnny y el Cuti, mis amigos imaginarios. A veces los *veía* robarse dulces en el almacén de la esquina. Me los *daban* a mí.

Miraba por la ventana a las clientas de mi mamá que se iban a probar ropa. Fueron mis primeros acercamientos a los senos y vello púbico.

[...]

Me *emocionaba* mirando el árbol de Navidad a eso de las siete de la tarde del 24 de diciembre.

Jugaba a la pelota con estilo y me creía admirado por mis vecinas, que usaban vestidos con vuelos. Esas chicas no *estaban* contaminadas con las hormonas de los pollos de supermercado.

[...]

Disfrutaba jugando con mis primas en el potrero. Siempre *descubríamos* mundos infinitos en los confines del campo.

[...]

Hacía cosas la mayoría de las veces muy estúpidas, como esconderme de mis papás cuando hacían el aseo. Como si fuese un agente secreto o alguna burrada de ese estilo. *Juraba* que no me veían.

Fonte: Jiménez, 2012, grifo nosso.

¡Para practicar!

No Capítulo 7, discutimos sobre a falta de tempo na sociedade atual. Relacione essa ideia com o pensamento exposto no trecho retirado do texto de Jiménez (2012):

> *Disfrutaba jugando con mis primas en el potrero. Siempre descubríamos mundos infinitos en los confines del campo.*
>
> *Hacía cosas la mayoría de las veces muy estúpidas, como esconderme de mis papás cuando hacían el aseo. Como si fuese un agente secreto o alguna burrada de ese estilo. Juraba que no me veían.*

Agora expresse por escrito o que podemos concluir sobre a questão do tempo nas reflexões propostas, tentando responder ao questionamento: Por que as crianças em geral vivem de forma mais relaxada e praticam mais atividades de lazer e diversão?

_____
_____
_____
_____
_____
_____
_____
_____

11.2 Conociendo la lengua: verbos en pretérito imperfecto

As expressões destacadas no texto que você leu são verbos conjugados no **pretérito imperfeito**, normalmente utilizado para expressar ações que aconteciam durante um tempo no passado.

No Quadro 11.1, observe outros exemplos de verbos conjugados nesse tempo verbal.

Quadro 11.1 – Conjugação de verbos no pretérito imperfeito

	Verbo jugar	Verbo correr	Verbo salir
Yo	Jugaba	Corría	Salía
Tú	Jugabas	Corrías	Salías
É/Ella/Usted	Jugaba	Corría	Salía
Nosotros/Nosotras	Jugábamos	Corríamos	Salíamos
Vosotros/Vosotras	Jugáis	Corríais	Saliáis
Ellos/Ellas/Ustedes	Jugaban	Corrían	Salían

¡Para practicar!

1) Agora que você já verificou vários exemplos de verbos no pretérito imperfeito, responda ao seguinte questionamento: ***¿Qué hacías cuando eras niño?*** Converse com os colegas e tente lembrar-se de brincadeiras e jogos que já não são mais praticados pelas crianças na atualidade.

Para lhe auxiliar nessa atividade, destacamos algumas ***expressões*** normalmente utilizadas com os verbos no pretérito imperfeito:

> *¿Qué hacías cuando eras niño?*
> *Antiguamente...*
> *Normalmente...*
> *De pequeño...*

Para saber mais

Veja no *site* indicado alguns nomes de jogos e brincadeiras em espanhol e tente identificar essas atividades, lembrando como são chamadas na língua portuguesa.

EL RINCÓN DEL VAGO. **Juegos antigos**. Disponível em: <http://html.rincondelvago.com/juegos-antiguos.html>. Acesso em: 7 jun. 2016.

Exercícios

1) Os verbos destacados no trecho da canção a seguir estão conjugados no:

> *Cuano **era** niño nada me **atemorizaba**,*
> *Una caída **era** rutina, **dolía**, pero me **levantaba**.*

Fonte: El Chapo de Sinaloa, 2008, grifo nosso.

a) *Pretérito perfecto compuesto.*
b) *Pretérito simple.*
c) *Pretérito indefinido.*
d) *Pretérito imperfecto.*
e) *Pretérito más que perfecto.*

2) Os marcadores temporais destacados na frase expressam ideia de:

<u>Ayer</u> me acordé de que tengo un examen <u>mañana</u>.

a) futuro e passado.
b) presente e passado.
c) passado e futuro.
d) futuro e presente.
e) passado e passado.

3) Leia o trecho da biografia de Gabriel García Márquez e marque verdadeiro (V) ou falso (F) nas afirmativas. Depois selecione a alternativa que contém a sequência correta:

> *Gabriel José García Márquez nació en 1928 en Aracataca. Completó los estudios en Barranquilla y Bogotá. En 1982, recibió el premio nobel de literatura por el libro* Cien años de soledad.

( ) Os verbos se apresentam de maneira diferenciada e não estão conjugados no passado.
( ) Os verbos indicam fatos passados ocorridos na vida do autor.
( ) Os verbos comunicam fatos que ocorriam ou não no passado.

a) F, F, F.
b) V, V, V.
c) F, V, F.
d) V, F, V.
e) F, F, V.

4) Assinale a alternativa que apresenta os verbos *dejar* e *llevar* devidamente conjugados no pretérito indefinido:
a) *dejó, llevó.*
b) *dejó, llevaba.*
c) *dejaba, llevaba.*
d) *dejaba, llevó.*
e) *dejóu, llevou.*

5) Uma expressão normalmente utilizada com verbos no pretérito imperfeito para descrever fatos que aconteciam durante um tempo no passado, em espanhol, é:
a) *ayer.*
b) *antiguamente.*
c) *naturalmente.*
d) *consecuentemente.*
e) *mañana.*

6) A alternativa que apresenta o verbo conjugado no pretérito imperfeito é:
a) *recuperada.*
b) *recuperó.*
c) *recuperaba.*
d) *recuperará.*
e) *recuperarán.*

7) O verbo *jugar*, exemplificado no texto, pode ser traduzido para o português da seguinte forma:

> *¿Qué jugaban los niños, antes de existir los videojuegos y las tabletas?*

Fonte: Revolución 3.0, 2014.

a) *brincar ou jogar.*
b) *jogar.*
c) *jugar.*
d) *brincar.*
e) *teclar.*

8) A forma correta de se referir a *brinquedos* em espanhol é:
   a) *joguetes.*
   b) *juguetes.*
   c) *brinquedos.*
   d) *muñecas.*
   e) *carritos.*

9) Assinale a alternativa em que o verbo *hacer* está conjugado no pretérito imperfeito:
   a) *Hacía.*
   b) *Haría.*
   c) *Había.*
   d) *Hecho.*
   e) *Hacería.*

capítulo doce

Além do pretérito imperfeito, forma verbal estudada no capítulo anterior, existem outras maneiras de expressar acontecimentos passados em espanhol. Confira exemplos de uso dos diferentes pretéritos no texto a seguir, adaptado da biografia do escritor colombiano Gabriel García Márquez:

> *Gabriel José García Márquez **nació** en Aracataca (Colombia) en 1928. **Cursó** estudios secundarios en San José a partir de 1940 y **finalizó** su bachillerato en el Colegio Liceo de Zipaquirá, el 12 de diciembre de 1946. **Se matriculó** en la Facultad de Derecho de la Universidad Nacional de Cartagena el 25 de febrero de 1947, aunque sin mostrar excesivo interés por los estudios. Su amistad con el médico y escritor Manuel Zapata Olivella le **permitió** acceder al periodismo. Inmediatamente después del "Bogotazo" (el asesinato del dirigente liberal Jorge Eliécer Gaitán en Bogotá, las posteriores manifestaciones y la brutal represión de las mismas), **comenzaron** sus colaboraciones en el periódico liberal El Universal [...].*
>
> *[...] En Italia **fue** alumno del Centro experimental de cinematografía. Durante su estancia en Sucre (donde había acudido por motivos de salud), **entró** en contacto con el grupo de intelectuales de Barranquilla, entre los que se contaba Ramón Vinyes, ex propietario de una librería que habría de tener una notable influencia en la vida intelectual de los años 1910-20, y a quien se le conocía con el apodo de "el Catalán" – el mismo que aparecerá en las últimas páginas de la obra más célebre del escritor,* Cien años de soledad *(1967). Desde 1953 colabora en el periódico de Barranquilla* El nacional*: sus columnas revelan una constante preocupación expresiva y una acendrada vocación de estilo que refleja, como él mismo confesará, la influencia de las greguerías de Ramón Gómez de la Serna. Su carrera de escritor comenzará con una novela breve, que evidencia la fuerte influencia del escritor norteamericano William Faulkner:* La hojarasca *(1955). [...]*

Fonte: Mundo Latino, 2016, grifo nosso.

¡Para practicar!

1) Você consegue entender a frase "*La vida no es la que uno **vivió**, sino la que uno recuerda, y cómo la recuerda para contarla*" (Márquez, 2002)?

Escreva sua interpretação da mensagem deixada pelo escritor por meio da frase destacada. Sua produção pode ser em língua portuguesa, pois nesta prática é importante registrar o seu nível de leitura e compreensão de textos em língua espanhola.

_____
_____
_____
_____
_____
_____

2) Agora, retorne ao texto e releia os verbos que estão destacados em negrito. É possível identificar alguma regularidade nas terminações deles? Agrupe os verbos que terminam de forma semelhante e identifique a regularidade nas terminações.

_____
_____
_____
_____
_____
_____
_____
_____

12.1 Diferencias entre el pretérito imperfecto y el pretérito indefinido

O verbo *vivir*, destacado na frase lida anteriormente, assim como os demais verbos destacados no texto, está conjugado no **pretérito indefinido**, que é a conjugação que indica acontecimentos passados em um momento específico que já terminaram. Perceba a diferença entre esse tempo verbal e aquele que estudamos no capítulo anterior, com base nos enunciados exemplificados a seguir:

> ¿Qué **hacías** cuando eras niño?
> ¿Qué **hiciste** ayer?

O verbo *hacer* foi conjugado primeiramente no **pretérito imperfeito** para indicar uma ação que se repetia durante algum tempo no passado, enquanto o segundo exemplo demonstra a ação que ocorreu em determinado momento, por isso o verbo foi conjugado no **pretérito indefinido**.

Veja no Quadro 12.1 outros exemplos de verbos conjugados no pretérito indefinido e confira a regularidade nas terminações dos verbos.

Quadro 12.1 – Conjugação de verbos no pretérito indefinido

	Verbo jugar	Verbo correr	Verbo salir
Yo	jugué	corrí	salí
Tú	jugaste	corriste	saliste
Él/Ella/Usted	jugó	corrió	salió
Nosotros/Nosotras	jugamos	corrimos	salimos
Vosotros/Vosotras	jugasteis	corristeis	salisteis
Ellos/Ellas/Ustedes	jugaron	corrieron	salieron

12.2 *Conociendo la lengua: marcadores temporales*

É importante perceber que o contexto da ação a ser relatada é o que nos ajuda a utilizar uma ou outra forma verbal. Além disso, assim como vimos expressões temporais normalmente utilizadas com verbos no pretérito imperfeito, há algumas expressões temporais utilizadas para acompanhar os verbos no pretérito indefinido. Observe a comparação nos exemplos apresentados a seguir.

Quadro 12.2 – Expressões temporais

imperfecto	Indefinido
Antiguamente	Ayer
Normalmente	La semana pasada
Casi siempre	El mes pasado
	El año pasado

12.3 *Conociendo la lengua: verbos en pretérito perfecto compuesto*

Além dos dois pretéritos que estudamos até aqui, na língua espanhola podemos utilizar uma terceita forma de conjugação de verbos no passado. Trata-se do **pretérito perfecto compuesto**, que é o tempo verbal que utiliza o verbo auxiliar *haber* para formar a conjugação. Veja, na sequência, exemplos de uso dessa forma verbal.

Crédito: ivector/Shutterstock

Javier *Yo **he trabajado** mucho últimamente, por eso estoy tan agotado.*

Ana María *Sí, **has trabajado** por tres desde que tu jefe **ha salido** de vacaciones.*

Nesse diálogo, os verbos destacados indicam ações praticadas por diferentes sujeitos. Isso porque o verbo auxiliar *haber* expressa a conjugação ao passo que o verbo que indica ação praticada permanece na forma de particípio. Confira a conjugação completa no Quadro 12.3.

Quadro 12.3 – Conjugação verbal no pretérito composto

	Verbo auxiliar haber	Particípio passado
Yo	He	Trabajado
Tú	Has	Estudiado
Él/Ella/Usted	Ha	Comprado
Nosotros/Nosotras	Hemos	Amado
Vosotros/Vosotras	Habéis	Hecho
Ellos/Ellas/Ustedes	Han	Salido

¡Para practicar!

1) Para percebermos as diferenças nas três formas verbais do pretérito indicativo que estudamos, compare as formas verbais que aparecem no texto da notícia apresentada a seguir e perceba como fica mais fácil entender no contexto tais diferenças de utilização dos verbos no passado:

Spalletti: "Hemos jugado bien, pero no lo suficiente"

El entrenador de la Roma, Luciano Spalletti, se mostró "feliz" por el "rendimiento" de sus jugadores pese a perder con el Real Madrid (0-2) en el partido de ida de los octavos de final de la Liga de Campeones y afirmó que jugaron bien, "pero no lo suficiente".

"Estamos felices por los aplausos de los aficionados. Se dieron cuenta de que los jugadores lo dieron todo, y que no han tenido suerte. Hemos jugado bien, pero no lo suficiente. Hemos creado los movimientos correctos, pero no marcamos", manifestó Spalletti al término del encuentro.

"No podemos tener pequeños errores, sobre todo al contraataque porque ahí no podíamos tomar ventaja de nuestras opciones", analizó el entrenador de los romanos, que afronta su segunda etapa como técnico del conjunto italiano.

Fonte: Spalletti..., 2016.

Veja a reprodução dos trechos da notícia com as três formas verbais destacadas.

> **Hemos jugado** bien. *[Pretérito perfecto compuesto]*
> [...]
> El entrenador **se mostró** feliz por el "rendimiento" de sus jugadores. *[Pretérito indefinido/ Pretérito simple]*
> [...] porque ahí no **podíamos** tomar ventaja de nuestras opciones. *[Pretérito imperfecto]*

Fonte: Spalletti..., 2016, grifo nosso.

2) Depois de estudar os exemplos de pretéritos mais utilizados na língua espanhola e de ler a biografia do escritor colombiano Gabriel García Márquez, tente produzir um pequeno texto em espanhol, descrevendo sua própria biografia. Procure ressaltar os acontecimentos mais importantes de sua trajetória de vida.

Para saiber mais

Acesse o *site* do qual foi extraído o trecho da biografia de Gabriel García Márquez e conheça mais sobre a literatura da língua espanhola, seus autores, obras e biografias.

MUNDO LATINO. **Grandes escritores**. Disponível em: <http://www.mundolatino.org/escritores>. Acesso em: 8 jun. 2016.

Exercícios

1) Complete os espaços conjugando o verbo indicado entre parênteses no pretérito perfeito composto. Em seguida,

assinale a alternativa que contém a resposta correta:

I. *Hoy yo _____ muchos dulces en la fiesta. (comer)*
II. *Esta mañana mi hermana _____ para la prueba de portugués. (estudiar)*
III. *Hoy nosotros _____ mucho a la tele. (mirar)*
IV. *(Tú) ¿_____ todas las tareas? (hacer)*

a) *comí, estudió, miramos, hice.*
b) *comía, estudiaba, miraba, hacía.*
c) *he comido, has estudiado, has mirado, has hecho.*
d) *he comido, has estudiado, han mirado, ha hecho.*
e) *he comido, ha estudiado, hemos mirado, has hecho.*

2) A tradução correta da forma verbal *ha salido* é:
   a) *está saindo.*
   b) *saía.*
   c) *saiu.*
   d) *tem saído.*
   e) *vem saindo.*

3) A conjugação verbal no *pretérito perfecto compuesto* é normalmente utilizada para:
   a) *describir hechos que ocurrían durante un tiempo en pasado.*
   b) *describir hechos que ya ocurrieron en un determinado momento del pasado.*
   c) *describir hechos que ocurrieron en un momento cercano del presente o que incluye el tiempo presente.*
   d) *describir hechos que ya ocurrieron en pasado y no volverán más.*
   e) *describir hechos que posiblemente ocurrieron un momento del presente.*

4) Leia a notícia a seguir:

España ha dejado de ser católica practicante

- *La práctica religiosa ha quedado muy reducida a mayores y mujeres, de pueblos pequeños del interior, de clase obrera y con educación primaria o secundaria*
- *Texto publicado en '**Qué está pasando en la Iglesia**', el número 5 de la revista 'Cuadernos' de eldiario.es: aquí tienes la **lista de librerías y quioscos** en los que puedes encontrar la revista*

Fonte: Embid, 2014.

Assinale a alternativa que apresenta a tradução correta do título da notícia:
a) Espanha havia deixado de ser católica praticante.
b) Espanha tinha que deixar de ser católica praticante.
c) Espanha deixou de ser católica praticante.

d) Espanha deixaria de ser católica praticante.
e) Espanha haveria de ser católica praticante.

5) As formas infinitivas dos verbos *ha dejado* e *ha quedado* são:
   a) *dejar* e *quedar*.
   b) *decir* e *dar*.
   c) *dejar* e *dar*.
   d) *deijar* e *quedar*.
   e) *deijar* e *dar*.

6) Os termos *ha dejado* e *ha quedado* estão conjugados no:
   a) *pretérito indefinido*.
   b) *pretérito simple*.
   c) *pretérito imperfecto*.
   d) *pretérito imperfecto compuesto*.
   e) *pretérito perfecto compuesto*.

7) Na frase do escritor Gabriel García Márquez, o verbo destacado foi conjugado no

   La vida no es la que uno <u>vivió</u>, sino la que uno recuerda, y cómo la recuerda para contarla.
   (Márquez, 2002, grifo nosso).

   a) *pretérito indefinido*.
   b) *pretérito imperfecto*.
   c) *pretérito perfecto*.
   d) *pretérito perfecto compuesto*.
   e) *pretérito imperfecto simple*.

8) O verbo auxiliar utilizado para compor as conjugações no *pretérito perfecto compuesto*, em espanhol, é:
   a) *hacer*.
   b) *haber*.
   c) *ter*.
   d) *tener*.
   e) *haver*.

9) *Gabriel García Márquez es considerado uno de los escritores más importantes del siglo XX. En 1982, el escritor:*
   a) *nació en Aracataca, Colombia.*
   b) *ganó el Premio Nobel de Literatura.*
   c) *escribió su primera obra literaria.*
   d) *concluyó sus estudios en la Facultad de Derecho.*
   e) *se murió.*

10) A alternativa que apresenta o verbo *ganar* conjugado no *pretérito perfecto compuesto* para completar o texto da notícia em espanhol é:

> **LOS PAÍSES MÁS GANADORES DE LA COPA AMÉRICA**
> [...]
> Argentina es el segundo país que _____ la Copa en más ocasiones.

Fonte: Los países..., 2016.

a) *ha ganado.*
b) *ganó.*
c) *ganaba.*
d) *había ganado.*
e) *ganaría.*

11) Os verbos que aparecem conjugados no pretérito indefinido (*pretérito simple*) no texto da notícia são:

> **Tras ataque de pitbull, ninã de 8 años se recupera en Medellín**
> *El hecho ocurrió en zona rural de Remedios, Antioquia, y fue necessária uma intervención quirúrgica*

Fonte: Tras..., 2015.

a) *ocurrió, fue.*
b) *recupera, hecho.*
c) *hecho, fue.*
d) *necesaria, recupera.*
e) *intervención, necesaria.*

Referências

15 DE MAYO se celebra el Día Internacional de la Familia. **Terra**. Disponível em: <http://vidayestilo.terra.com.mx/15-de-mayo-se-celebra-el-dia-internacional-de-la-familia,d7e1f31b7709e310VgnCLD2000009accebOaRCRD.html>. Acesso em: 3 jun. 2016.

AGENDA CULTURAL. **Buenos Aires en dos Ruedas**. Disponível em: <http://agendacultural.buenosaires.gob.ar/evento/buenos-aires-en-dos-ruedas/4041>. Acesso em: 3 jun. 2016.

AMPARANOIA. En la ciudad. In: ____. **Somos viento**. Espanha: Parlophone Spain, 2002.

ANATRELLA, T. La figura del padre en la modernidade. **Humanitas**, n. 50, abr.-jun. 2008. Disponível em: <http://www.humanitas.cl/html/biblioteca/articulos/700.html>. Acesso em: 3 jun. 2016.

ASÍ se disputarán los cuartos de final de la Copa América. **El Tiempo**. Disponível em: <http://m.eltiempo.com/deportes/futbol/asi-se-disputaran-los-cuartos-de-final-de-la-copa-america/15981196/1>. Acesso em: 6 jun. 2016.

AYLLÓN, L. El español sigue su ascenso imparable en el mundo. **ABC**, 30 jun. 2014. Disponível em: <http://www.abc.es/cultura/20140630/abci-castellano-auge-mundo-201406291958.html>. Acesso em: 8 jun. 2016.

BARBEIRA, S. España se recupera de la crisis económica pero elude el cambio de modelo. **Mundiario**, 27 abr. 2015. Disponível em: <http://www.mundiario.com/articulo/a-fondo/espana-recupera-crisis-economica-elude-cambio-modelo/20150426234213029629.html>. Acesso em: 8 jun. 2016.

BENEDETTI, M. Tiempo sin tiempo. In: ____. **Cotidianas**. Buenos Aires: Editorial Sudamericana, 2000. p. 60-61.

BUFON. Los días de la semana. **Poemas del alma**, 14 dic. 2010. Disponível em: <http://www.poemas-del-alma.com/blog/mostrar-poema-82783#ixzz2nkYjwIhX>. Acesso em: 3 jun. 2016.

CARRICABURO, N. B. El voseo en la Historia y en la lengua de hoy. **Elcastellano.org**. Disponível em: <http://www.elcastellano.org/artic/voseo.htm>. Acesso em: 2 jun. 2016.

CASA DE SU MAJESTAD EL REY. **Armas de Su Majestad el Rey Juan Carlos I**. Disponível em: <http://www.casareal.es/ES/FamiliaReal/rey/Paginas/rey_armas.aspx>. Acesso em: 20 jun. 2016.

DON QUIJOTE. **La siesta**. Disponível em: <http://www.donquijote.org/cultura/espana/sociedad/costumbres/la-siesta>. Acesso em: 6 jun. 2016.

DONIN, E. S.; GABARDO, M.; GABARDO, T. L. Libro de Español. In: PARANÁ. Secretaria de Estado da Educação. **Língua Estrangeira Moderna**: Espanhol e Inglês. 2. ed. Curitiba: Seed-PR, 2006. p. 9-156.

EL CHAPO DE SINALOA. Cuando era niño. In: ____. **La noche perfecta**. México: Disa Records, 2008. Faixa 10.

EMBID, J. España ha dejado de ser católica practicante. **El Diario**, 16 abr. 2014. Disponível em: <http://www.eldiario.es/sociedad/Espana-dejado-catolica-practicante_0_249875385.html>. Acesso em: 8 jun. 2016.

ESPANÃ. Ministerio de Educación, Cultura y Deporte. **Tiempo libre, actividades de ocio y deporte**. Disponível em: <http://www.csd.gob.es/csd/sociedad/encuesta-de-habitos-deportivos/encuesta-de-habitos-deportivos-2005/2-tiempo-libre-actividades-de-ocio-y-deporte >. Acesso em: 21 jul. 2016.

HOSPITAL GENERAL DE AGUDOS DR. TEODORO ALVAREZ. **Efemérides**. Disponível em: <http://www.hospitalalvarez.org/index.php?sec=efemerides>. Acesso em: 2 jun. 2016.

JIMÉNEZ, J. P. Las cosas que hacía quando niño. **Plumas hispano-americanas**, 10 agosto 2012. Disponível em: <http://plumaslatinoamericanas.blogspot.com.br/2012/08/las-cosas-que-hacia-cuando-nino.html>. Acesso em: 7 jun. 2016.

LAS FRASES del día. **ABC**, 22 abr. 2014. Disponível em: <http://www.abc.es/frase-del-dia/20140422/abci-frases-22abril-201404220804.html>. Acesso em: 8 jun. 2016.

LAS PREFERENCIAS de los españoles en sabores y comida. **Diario de Gastronomía**, 23 abr. 2015. Disponível em: <http://diariodegastronomia.com/las-preferencias-de-los-espanoles-en-sabores-y-comida/>. Acesso em: 22 jun. 2016.

LOS PAÍSES más ganadores de la Copa América. **Sololistas.net**. Disponível em: <http://www.sololistas.net/los-paises-mas-ganadores-de-la-copa-america.html>. Acesso em: 8 jun. 2016.

LLUVIA de colores y flores adorna las calles de Cali. **El Tiempo**, 3 agosto 2015. Disponível em: <http://www.eltiempo.com/colombia/cali/guayacanes-y-gualandayes-en-cali/16189235>. Acesso em: 7 jun. 2016.

LUNA, V. **Los nuevos modelos de familia española**. 23 feb. 2010. Disponível em: <http://www.20minutos.es/noticia/631685/0/nuevas/familias/ejemplos/>. Acesso em: 21 jun. 2016.

MANÁ. Eres mi religión. In: ____. **Revolución de amor**. Madri: Warner Music, 2012. Faixa 9.

MÁRQUEZ, G. G. Vivir para contarla. Barcelona: Mondadori, 2002.

MARTÍNEZ, J. J. M. **El nacimiento del castellano**. Disponível em: <http://www.vallenajerilla.com/glosas/milenario.htm>. Acesso em: 2 jun. 2016.

MUNDO LATINO. **Grandes escritores**: Gabriel García Márquez. Biografia. Disponível em: <http://www.mundolatino.org/cultura/garciamarquez/ggm1.htm>. Acesso em: 7 jun. 2016.

NERUDA, P. El sol. In: ____. **Geografía infructuosa**. Buenos Aires: Losada, 1972.

____. **Odas elementales**. Santiago: Pehuén, 2005.

REVOLUCIÓN 3.0. **¿Qué jugaban los niños, antes de existir los videojuegos y las tabletas?** 8 jun. 2014. Disponível em: <http://michoacantrespuntocero.com/que-jugaban-los-ninos-antes-de-existir-los-videojuegos-y-las-tabletas-fotogaleria/>. Acesso em: 7 jun. 2016.

RAMÓN. **El País**, 2 marzo 2012. Disponível em: <http://elpais.com/elpais/2012/03/02/vinetas/1330644442_922634.html>. Acesso em: 6 jun. 2016.

REI Juan Carlos da Espanha abdica em favor de seu filho. **G1**, 2 jun. 2014. Disponível em: <http://g1.globo.com/mundo/noticia/2014/06/rei-juan-carlos-da-espanha-abdica-em-favor-de-seu-filho.html>. Acesso em: 6 jun. 2016.

REY Juan Carlos abdica el trono en España. **BBC**, 2 jun. 2014. Disponível em: <http://www.bbc.com/mundo/noticias/140602_rey_juan_carlos_abdicacion_principe_felipe>. Acesso em: 6 jun. 2016.

ROIG, M. ¿Saldrá Grecia del euro?: las consecuencias del 'si' y del 'no'. **Expansión**, 5 jul. 2015. Disponível em: <http://www.expansion.com/economia/2015/07/05/559912e646163fcd098b456d.html>. Acesso em: 4 jun. 2016.

ROIZEN, A. ¿Quienes dejan las sillas vacías? **El País**, Uruguai, 1º agosto 2015. Disponível em: <http://www.elpais.com.uy/que-pasa/quienes-dejan-sillas-vacias-desercion.html>. Acesso em: 2 jun. 2016.

SÁNCHEZ, P. Hallan muerto a un inmigrante oculto en el interior de uma maleta. **El Mundo**. 3 agosto 2015. Disponível em: <http://www.elmundo.es/andalucia/2015/08/03/55bf169bca4741a0578b4570.html>. Acesso em: 3 nov. 2015.

SHAKIRA. ¿Donde estás, corazón? In: ____. **Pies descalzos**. Colombia: Sony Music Entertaiment, 1995. Faixa 11.

SIN Futuro: la Tierra agotará sus recursos energéticos para el 2050. **RT**, 2 agosto 2012. Disponível em: <http://actualidad.rt.com/economia/view/50557-futuro-negro-planeta-recursos-energia-se-agotaran-2050>. Acesso em: 6 jun. 2016.

SPALLETTI: "Hemos jugado bien, pero no lo suficiente". **Lainformación.com**, 17 feb. 2016. Disponível em: <http://noticias.lainformacion.com/noticias/spalletti-hemos-jugado-bien-pero-no-lo-suficiente_Fwz4MJL0xsl0IeUjQhXMb2/>. Acesso em: 8 jun. 2016.

SPANISH. **Preposiciones de lugar**. Disponível em: <http://www.spanish.cl/gramatica/preposiciones-de-lugar.htm>. Acesso em: 3 jun. 2016.

TOWERS, J. M. La paella, el plato español más internacional. **Azureazure**. Disponível em: <http://azureazure.com/gastronomia/la-paella-el-plato-espanol-mas-internacional>. Acesso em: 7 jun. 2016.

TRAS ataque de pitbull, niña de 8 años se recupera en Medellín. **El Tiempo**, 4 agosto 2015. Disponível em: <http://www.eltiempo.com/colombia/medellin/nina-de-8-anos-se-recupera-tras-grave-mordida-de-un-perro/16190940>. Acesso em: 8 jun. 2016.

UNA ENCUESTA revela lo que más les gusta a las españolas en verano. **La Razón**, 20 sept. 2009. Disponível em: <http://www.larazon.es/historico/una-encuesta-revela-lo-que-mas-les-gusta-a-las-espanolas-en-verano-KLLA_RAZON_163907?sky=Sky-Mayo-2016#.Ttt1JQbXufRqwY5>. Acesso em: 7 jun. 2016.

WILLIAMS, C.; NIELD, T. Un supercontinente en el futuro de la Tierra. **La Nación**, 28 oct. 2007. Disponível em: <http://www.lanacion.com.ar/957124-un-supercontinente-en-el-futuro-de-la-tierra>. Acesso em: 6 jun. 2016.

YERSON Candelo se despidió de la hinchada del Desportivo Cali. **El País**, 3 agosto 2015. Disponível em: <http://www.elpais.com.co/elpais/deportes/noticias/yerson-candelo-despidio-hinchada-deportivo-cali>. Acesso em: 3 jun. 2016.

Respostas

Capítulo 1
1. a
2. c
3. e
4. a
5. c
6. a
7. b
8. e
9. b
10. e

Capítulo 2
1. b
2. a
3. e
4. a
5. d
6. b
7. a
8. a
9. d
10. c

Capítulo 3
1. c
2. b
3. b
4. c
5. e
6. a
7. a
8. b
9. a
10. c

Capítulo 4
1. a
2. e
3. b
4. a
5. a
6. a
7. a
8. a
9. a
10. a

Capítulo 5
1. d
2. b
3. a
4. d
5. a
6. a
7. d
8. a
9. a
10. d

Capítulo 6
1. c
2. e
3. b
4. a
5. d
6. b
7. a
8. c
9. e
10. b

Capítulo 7
1. b
2. d
3. a
4. b
5. d
6. b
7. d
8. a
9. e
10. a

Capítulo 8
1. d
2. c
3. b
4. a
5. c
6. c
7. a
8. a
9. a
10. b

Capítulo 9
1. c
2. a
3. d
4. b
5. c
6. e
7. a
8. a
9. b
10. d

Capítulo 10
1. a
2. b
3. c
4. d
5. b
6. a
7. e
8. e
9. a
10. d

Capítulo 11
1. d
2. c
3. c
4. a
5. b
6. d
7. a
8. b
9. a

Capítulo 12
1. e
2. d
3. c
4. c
5. a
6. e
7. a
8. b
9. b
10. a
11. a

Sobre a autora

Priscila do Carmo Moreira Engelmann é licenciada em Letras (Pontifícia Universidade Católica do Paraná – PUCPR), com habilitação para o ensino das línguas portuguesa e espanhola e suas respectivas literaturas, especialista em Metodologia de Ensino de Língua Portuguesa e Literatura (Instituto Brasileiro de Pós-Graduação e Extensão – Ibpex) e em Formação de Tutores e Orientadores Acadêmicos para EaD (Faculdade Internacional de Curitiba – Facinter) e mestre em Tecnologia (Universidade Tecnológica Federal do Paraná – UTFPR). Atua como professora de língua portuguesa e de língua espanhola para os ensinos médio e superior, nas modalidades presencial e a distância. Tem experiência na disciplina de Comunicação Empresarial para cursos superiores de Tecnologia em Educação a Distância e na produção de material didático para língua portuguesa e língua espanhola.

Os papéis utilizados neste livro, certificados por instituições ambientais competentes, são recicláveis, provenientes de fontes renováveis e, portanto, um meio responsável e natural de informação e conhecimento.

Impressão: Maxigráfica
Janeiro / 2017